레위와 세운
나의 언약

말라기서 강해 설교집

김 사무엘

義齊堂

목 차

머리말

1. 타락한 제사장들을 향한 하나님의 경고
   말 1:1-14 · 6

2. 레위와 세운 구원의 언약
   말 2:1-10 · 40

3. 진리의 복음을 버린 제사장들의 악행
   말 2:5-12 · 72

4. 울음과 탄식으로 여호와의 단을 가리는 자들
   말 2:11-15 · 88

5. "어려서 취한 아내"인 하나님의 교회
   말 2:13-17 · 106

6. 세례 요한과 메시아를 보내시겠다는 약속
   말 3:1-7 · 130

7. 하나님을 경외하라
   말 3:8-18 · 146

8. 언약을 성취하시는 하나님
   말 4:1-6 · 170

머 리 말

　구약의 마지막 성경인 말라기(Malachi)서는 하나님께서 타락한 제사장들의 불법 제사를 책망하시면서 하나님께서 보내시는 엘리야(세례 요한)와 메시아를 약속하신 말씀입니다. 그리고 그 약속들은 마태복음서를 통해서 온전히 성취되었습니다. 두 폭으로 된 성막의 앙장(仰帳)에는 각각 오십 개의 청색 고리(loops)가 달려 있어서 그것들이 오십 개의 금 갈고리(clasps)로 서로 연결됨으로써 하나의 앙장을 이루었습니다(출 26:5-6). 그처럼 구약의 마지막 책인 말라기서의 약속의 말씀들이 신약성경의 첫 책인 마태복음에서 그대로 성취됨으로써 서로 맞물려 연결되었습니다. 이로서 신·구약 성경 말씀 전체가 하나로 연결되었고 온전한 하나님의 책이 되었습니다.

　말라기서의 키워드는 **"레위와 세운 나의 언약"**(말 2:4-5)인데, 하나님께서 레위와 세운 언약은 속죄의 제사를 통한 죄 사함의 언약이었습니다. 속죄의 제사에는 반드시 1) 흠 없는 제물, 2) 안수-죄를 넘김, 3) 피 흘림(제물의 대속의 죽음)이라는 세 가지 요건이 충족되어야 했습니다.

　"레위와 세운 나의 언약"대로, 성자(聖子) 하나님이신 예수님은 육신을 입고 전 인류를 위한 흠 없는 제물로 이 땅에 오셨습니다. 예수님은 인류의 대표자인 세례 요한에게 **"이와 같이 하여"**(마 3:15), 즉 안수의 형식으로 세례를 받으심으로 세상 죄를 단번에 당신의 육체에 짊어지셨습니다. 그리고 주님은 세례 받은 이튿날에 **"보라 세상 죄를 지고 가는 하나님의 어린양이로다"**(요 1:29)라는 증거를 세례 요한에게서 받으셨습니다. 그리고 주님은 십자가에 못 박혀서 우리의 모든 죗값을 치르시기 위해서 당신의 모든 피를 속전(贖錢)으로 다 쏟으시고 마지막으로 **"다 이루었다"**(요 19:30) 하고 크게 외치신 후 돌아가셨습니다.

 "물과 피로 임"(요일 5:6)하셔서 우리를 모든 죄에서 구원하신 복음이 바로 **"레위와 세운 나의 언약"**(말 2:4-5)의 성취이며 진리의 원형복음(原形福音)입니다. 여러분은 **"성령과 물과 피"**(요일 5:8)의 증거로 거듭났습니까? 여러분은 진리의 원형복음(原形福音)을 믿음으로 마음의 죄가 흰 눈같이 씻어졌습니까? 만일 예수님을 믿는 여러분의 마음에 아직도 죄가 있다면 여러분의 믿음은 헛것입니다. 그런 분은 이 책을 통해서 **"죄 사함으로 말미암는 구원"**(눅 1:77)을 받으시고 하늘에 속한 신령한 축복들을 풍성히 누리시기를 바랍니다.

 아멘!

2018. 10. 10.
제주에서 김 사무엘 목사

타락한 제사장들을 향한
하나님의 경고

"여호와께서 말라기로 이스라엘에게 말씀하신 경고라

여호와께서 가라사대 내가 너희를 사랑하였노라 하나 너희는 이르기를 주께서 어떻게 우리를 사랑하셨나이까 하는도다 나 여호와가 말하노라 에서는 야곱의 형이 아니냐 그러나 내가 야곱을 사랑하였고

에서는 미워하였으며 그의 산들을 황무케 하였고 그의 산업을 광야의 시랑에게 붙였느니라

에돔은 말하기를 우리가 무너뜨림을 당하였으나 황폐된 곳을 다시 쌓으리라 하거니와 나 만군의 여호와는 이르노라 그들은 쌓을찌라도 나는 헐리라 사람들이 그들을 일컬어 악한 지경이라 할 것이요 여호와의 영영한 진노를 받은 백성이라 할 것이며

너희는 목도하고 이르기를 여호와께서는 이스라엘 지경 밖에서 크시다 하리라

내 이름을 멸시하는 제사장들아 나 만군의 여호와가 너희에게 이르기를 아들은 그 아비를, 종은 그 주인을 공경하나니 내가 아비일찐대 나를 공경함이 어디 있느냐 내가 주인일찐대 나를 두려워함이 어디 있느냐 하나 너희는 이르기를 우리가 어떻게 주의 이름을 멸시하였나이까 하는도다

너희가 더러운 떡을 나의 단에 드리고도 말하기를 우리가 어떻게 주를 더럽게 하였나이까 하는도다 이는 너희가 주의 상은 경멸히 여길 것이라 말함을 인함이니라

만군의 여호와가 이르노라 너희가 눈 먼 희생으로 드리는 것이 어찌 악하지 아니하며 저는 것, 병든 것으로 드리는 것이 어찌 악하지 아니하냐 이제 그것을 너희 총독에게 드려보라 그가 너를 기뻐하겠느냐 너를 가납하겠느냐

만군의 여호와가 이르노라 너희는 나 하나님께 은혜를 구하기를 우리를 긍휼히 여기소서 하여 보라 너희가 이같이 행하였으니 내가 너희 중 하나인들 받겠느냐

만군의 여호와가 이르노라 너희가 내 단 위에 헛되이 불 사르지 못하게 하기 위하여 너희 중에 성전 문을 닫을 자가 있었으면 좋겠도다 내가 너희를 기뻐하지 아니하며 너희 손으로 드리는 것을 받지도 아니하리라

만군의 여호와가 이르노라 해 뜨는 곳에서부터 해 지는 곳까지의 이방 민족 중에서 내 이름이 크게 될 것이라 각처에서 내 이름을 위하여 분향하며 깨끗한 제물을 드리리니 이는 내 이름이 이방 민족 중에서 크게 될 것임이니라

그러나 너희는 말하기를 여호와의 상은 더러웠고 그 위에 있는 실과 곧 식물은 경멸히 여길 것이라 하여 내 이름을 더럽히는도다

만군의 여호와가 이르노라 너희가 또 말하기를 이 일이 얼마나 번폐스러운고 하며 코웃음하고 토색한 물건과 저는 것, 병든 것을 가져왔느니라 너희가 이같이 헌물을 가져오니 내가 그것을 너희 손에서 받겠느냐 여호와의 말이니라

떼 가운데 수컷이 있거늘 그 서원하는 일에 흠 있는 것으로 사기하여 내게 드리는 자는 저주를 받으리니 나는 큰 임금이요 내 이름은 열방 중에서 두려워하는 것이 됨이니라 만군의 여호와의 말이니라"(말 1:1-14).

저는 어려서 시골에서 자라났습니다. 그때에 동네 어르신들에게서 "알아야 면장을 하지"라는 말을 종종 들었습니다. 제2차 세계대전(世界大戰)이 1945년 8월 15일에 종식되면서, 우리나라는 35년간의 혹독했던 일제(日帝)의 식민통치에서 해방되었고 미군의 신탁통치가 시작되었습니다. 미군은 38선 이남에 진주해서 우리나라를 통치하게 되었는데 미군정청(美軍政廳)은 혼란기의 행정과 치안을 담당할 각급 행정관리들과 군과 경찰의 간부들을 조속히 임명해야만 했습니다. 그러나 군수(郡守)나 면장(面長)들을 임명하는 일이 아무리 시급하다고 해도 아무나 그 자리에 앉힐 수는 없는 노릇입니다. 군수나 면장의 직무를 수행하려면 최소한 한자(漢字)를 읽고 쓸 줄은 알아야 했는데, 왜냐하면 일제시대의 공문서들은 한자투성이였기 때문입니다. 그래서 한자(漢字)를 어느 정도 알아야 면장(面長)의 직무를 할 수 있다는 뜻으로 "알아야 면장을 하지"라는 말이 생겨나서 한동안 유행했습니다.

우리도 하나님의 말씀을 알아야 하나님의 일을 합니다. 우리가 하나님을 바르게 믿으려면, 그리고 다른 사람들을 올바른 믿음으로 인도하려면 먼저 자신이 성경에 나타난 하나님의 뜻을 **"알아야"** 합니다. 무엇보다도 우리가 알아야 할 것은 성경에 나타난 **진리의 복음**입니다. 제가 다녔던 대학교의 교정에 들어서면 **"진리가 너희를 자유케 하리라"**(요 8:32)는 말씀이 새겨진 큰 바위가 있었습니다. 저는 백양로라는 길을 오르내리면서 **"진리가 너희를 자유케 하리라"** 하는 말씀을 날마다 바라보았습니다. 그 말씀은 참으로 좋은 말씀으로 제 마음에 각인이 되었지만, 저는 그 비문에 새겨진 **"진리"**가 도대체 무엇인지를 알 수 없었습니다.

그러나 그로부터 오랜 시간이 지난 이제는 그 비문의 **"진리"**가 무엇인지를 밝히 압니다. 그리고 그 진리로 인하여 저는 진정한 자유를 누리고 있습니다. 여러분도 이번 사경회(査經會)를 통해서 진리가 무엇인지를 알게 되실 것입니다. 여러분은 하나님의 진리를 깨닫고 충만한 은혜를 누리게 될 뿐만 아니라, "알아야 면장을 하지"라는 말처럼 여러분은 모든 이들을 자유케 하는 진리를 알게 되어서 능히 하나님께서 기뻐하시는 일들을 할 수 있을 것입니다.

"여호와께서 말라기로 이스라엘에게 말씀하신 경고라"(말 1:1).

우리가 읽는 『개역한글판』 성경에는 말라기(Malachi)서의 1장 1절이 "**여호와께서 말라기로 이스라엘에게 말씀하신 경고라**"라고 번역되어 있지만, 『흠정역』(欽定譯) 성경(King James Version)에는 이 부분이 "**말라기를 통해서 이스라엘 백성에게 주신 주님의 말씀의 짐**"(The burden of the word of the Lord to Israel by Malachi)이라고 번역되어 있습니다. 말라기(Malachi)라는 하나님의 종에게 하나님의 말씀이 큰 부담으로 임했습니다. 하나님의 말씀을 지극히 경외하고 무겁게 여기는 자가 하나님의 종입니다. 말라기 선지자는 자신에게 임한 하나님의 말씀을 무겁게 받았고 그 말씀을 온전히 전해야 한다는 부담을 품었던 하나님의 종이었습니다.

말라기(Malachi)란 "나의 전언자"(My messenger)라는 뜻입니다. 그래서 신학자들 사이에 말라기(Malachi)라는 명칭이 "고유명사, 즉 어떤 사람의 이름이냐" 아니면 "하나님의 대언자를 지칭하는 보통 명사냐"에 대해서 논란이 있습니다. 성경의 인물들의 이름에는 대부분 어떤 뜻이 담겨 있습니다. 아담은 "사람"이라는 뜻이고 가인은 "얻었다"라는 뜻이며 "아벨"은 "숨, 또는 허무"라는 뜻입니다. 따라서 "말라기"라는 이름으로 불린 하나님의 종이 있었다고 해서 이상할 것이 없습니다. 모든 성경 말씀의 원저자(原著者)는 하나님입니다. 성경을 대필(代筆)하거나 대언(代言)한 하나님의 종들은 그저 하나님의 메신저이며 사자(使者)에 불과합니다. 예를 들자면 모세오경 즉, 창세기, 출애굽기, 레위기, 민수기, 신명기의 기록자(記錄者)는 모세입니다. 그러나 이 모세오경은 모세가 자기의 사상이나 생각을 기록한 것이 아니라 원저자(原著者)이신 하나님께서 성령으로 모세를 감동시키셔서 대언(代言)하고 기록하게 한 하나님의 책들입니다.

말라기 선지자는 기원전 5세기 말에 즉 기원전 420년 전후에 활동했던 하나님의 종입니다. 말라기의 시대는 지금부터 약 2,400여 년 전의 아주 먼 옛날입니다. 우리나라의 역사로 치면 고구려, 신라, 백제가 대결했던 삼국시대보다 훨씬 전입니다. 말라기의 시대는 인류의 역사에 있어서 고대(古代)에 해당됩니다.

그런데도 하나님께서는 말라기서 1장에서부터 전 인류를 향한 구원의 뜻을 선포하십니다: **"만군의 여호와가 이르노라 해 뜨는 곳에서부터 해 지는 곳까지의 이방 민족 중에서 내 이름이 크게 될 것이라 각처에서 내 이름을 위하여 분향하며 깨끗한 제물을 드리리니 이는 내 이름이 이방 민족 중에서 크게 될 것임이니라"**(말 1:11). 많은 사람들이 "야훼라는 신은 유대인들의 민족 신이다"라고 폄하하지만 절대로 그렇지 않습니다. 하나님은 전 인류의 하나님입니다. 하나님께서는 모든 인류를 다 구원해서 당신의 자녀로 삼으시기 위해서 이스라엘 민족을 제사장 족속으로 택하셨을 뿐입니다. 이스라엘을 제사장 민족으로 택하셔서 그들에게 하나님의 구원의 말씀을 맡기시고 그들의 역사 과정을 주관하셔서 하나님의 구원의 사랑이 인류 전체에 미치게 하셨습니다. 하나님은 절대로 히브리인들만의 민족 신이 아닙니다. 하나님은 전 인류의 하나님입니다.

하나님께서는 어제나 오늘이나 동일(同一)하십니다. 말라기 선지자가 살았던 2,400년 전 이스라엘의 문화나 생활 방식이나 언어가 지금과는 매우 달랐겠지만 하나님 말씀은 영원불변(永遠不變)의 진리입니다. 오늘 우리가 읽은 말라기서의 말씀은 하나님께서 2,400년 전에 당신의 종을 통해서 이스라엘 백성들에게 선포하신 말씀이지만, 이 말씀은 오늘날 하나님을 믿는 저와 여러분들에게도 여전히 살아 있는 진리의 말씀입니다. 말라기 선지자의 시대에 이스라엘의 제사장들과 백성들이 하나님의 경고의 말씀을 경홀히 여기고 순종하지 않아서 멸망을 당했듯이, 오늘날의 기독교 지도자들과 기독교인들도 말라기서의 경고의 말씀을 두렵고 떨리는 마음 자세로 받지 아니하면 멸망을 당할 것입니다.

구원의 대원칙(大原則): "큰 자가 어린 자를 섬기리라"(롬 9:12)

"여호와께서 가라사대 내가 너희를 사랑하였노라 하나 너희는 이르기를 주께서 어떻게 우리를 사랑하셨나이까 하는도다 나 여호와가 말하노라 에서는 야곱의 형이 아니냐 그러나 내가 야곱을 사랑하였고 에서는 미워하였으며 그의 산들을 황무케 하였고 그의 산업을 광야의 시랑에게 붙였느니라"(말 1:2-3).

하나님께서는 말라기 선지자를 통해서 먼저 하나님의 구원이 어떤 자에게 임하는지에 대해서 선포하십니다. 하나님께서는 모든 사람이 하나님의 은총을 입어서 구원받기를 원하십니다. 그러나 어떤 자는 구원을 받고 어떤 자는 하나님의 구원을 받지 못하는데, 하나님께로부터 구원을 받거나 받지 못하는 이유와 책임은 각각의 사람에게 있습니다. 하나님께서 어떤 자를 사랑하시고 어떤 자를 미워하십니까? 하나님께서는 자기의 부족을 알고 하나님의 긍휼을 구하는 자를 구원의 사랑으로 덮어 주시고, 자기의 옳음과 힘이 넘쳐서 교만한 자는 하나님께서 미워하십니다. 즉 영적으로 스스로 크다고 여기는 자들은 하나님을 찾지도 않고 그의 긍휼하심을 바라지도 않기 때문에 구원을 받지 못하고, 자기는 지옥에 가야 마땅한 자라고 시인하는 작은 자들(소자들)이 하나님의 긍휼히 여기심을 입어 구원을 받는 것입니다. 이것이 **구원의 대원칙**입니다.

이러한 **구원의 대원칙**은 로마서 9장에도 기록되어 있습니다: "이뿐 아니라 또한 리브가가 우리 조상 이삭 한 사람으로 말미암아 잉태하였는데 그 자식들이 아직 나지도 아니하고 무슨 선이나 악을 행하지 아니한 때에 택하심을 따라 되는 하나님의 뜻이 행위로 말미암지 않고 오직 부르시는 이에게로 말미암아 서게 하려 하사 리브가에게 이르시되 큰 자가 어린 자를 섬기리라 하셨나니 기록된 바 내가 야곱은 사랑하고 에서는 미워하였다 하심과 같으니라 그런즉 우리가 무슨 말 하리요 하나님께 불의가 있느뇨 그럴 수 없느니라 모세에게 이르시되 내가 긍휼히 여길 자를 긍휼히 여기고 불쌍히 여길 자를 불쌍히 여기리라 하셨으니 그런즉 원하는 자로 말미암음도 아니요 달음박질하는 자로 말미암음도 아니요 오직 긍휼히 여기시는 하나님으로 말미암음이니라"(롬 9:10-16).

영적인 세계에 있어서는 큰 자가 어린 자를 섬깁니다. 여기서 큰 자란 자기의 의가 충만해서 영적으로 교만한 자를 말합니다. 자기의 의가 많은 자, 즉 영적인 부자들은 천국에 들어가기가 낙타가 바늘귀로 들어가는 것보다 어렵습니다. 자기의 의와 공로를 많이 쌓고 그것을 자랑하는 자는 하나님께서 주시는 의를 옷 입으려고 하지 않기 때문에 구원을 받지 못합니다. 그래서 예수님께서는 **"그러나 먼저 된 자로서 나중 되고 나중 된 자로서 먼저 될 자가 많으니라"**(막 10:31)고 말씀하신 것입니다. 자기의 의가 전혀 없는 자라야 하나님의 의를 옷 입고 **"죄 사함으로 말미암는 구원"**(눅 1:77)을 받습니다.

하나님 앞에서, "하나님, 저는 악하고 부족한 자입니다. 저는 죄가 많아서 지옥 가야 마땅한 자입니다. 하나님 저를 불쌍히 여겨 주십시오" 하고 고백하는 자가 나중 된 자이며 영적으로 작은 자(소자; 少者)입니다. 그렇게 심령이 가난한 자들이 하나님의 진리의 복음으로 죄 사함을 받고 영생의 구원을 받습니다. 예수님 앞에 많은 사람들이 나왔습니다. 바리새인과 사두개인 같은 종교인들과 대제사장이나 율법사 같은 종교지도자들뿐 아니라 병을 치료받기를 바라는 자들이나 떡을 배불리 얻어먹었던 무리들도 예수님께 나왔었습니다. 그런데 주님 앞에 나아온 수많은 자들 중에서 문둥병자, 소경, 절뚝발이, 간음 중에 잡힌 여인 등 자기의 악함과 부족함을 인정하는 자들이 **"죄 사함으로 말미암는 구원"**(눅 1:77)을 받았습니다. 이들은 심령이 가난한 자들, 즉 자기의 부족과 연약을 인정하고 자신이 구제불능의 죄인이라고 시인한 자들입니다. 그렇게 겸비한 심령들에게 주님은 **"소자야 네 죄 사함을 받았느니라"**(막 2:5)고 선포하셨습니다. 소자(少者)의 소(少) 자는 "어릴 소"

자(字)입니다.

    야곱과 에서는 쌍둥이 형제입니다. 리브가가 이삭으로 말미암아 쌍둥이를 잉태했는데 두 태아(胎兒)가 리브가의 뱃속에서 심하게 싸웠습니다. 그 일로 리브가가 힘들어하는 중에 하나님께서 당신의 사자를 보내셔서 이들이 아직 태어나기도 전에, 즉 무슨 선이나 악을 행하기도 전에 "**큰 자가 어린 자를 섬기리라 하셨나니 기록된 바 내가 야곱은 사랑하고 에서는 미워하였다**"라고 말씀하셨습니다.

    이 말씀을 단순하게 생각하면 "아! 하나님은 사람이 무슨 악이나 선을 행하는 것과는 상관없이 천국에 보낼 자와 지옥에 보낼 자를 일방적으로 예정(豫定)하시는구나!"하고 오해하기 쉽습니다. 존 칼빈(John Calvin)도 하나님의 말씀을 그렇게 곡해(曲解)한 사람입니다. 사실 칼빈은 자신의 욕망을 추구하기 위해서 많은 사람을 처형했던 포악한 정치인이었습니다. 그는 "하나님의 무조건적 선택"(the Unconditional Election of God)이라는 "예정설"(豫定說; the Doctrine of Predestination)을 주창했습니다. 예정설이란 하나님께서 어떤 사람은 구원하시기로, 어떤 사람은 저주해서 지옥에 보내기로 "창세전에" 미리 정하셨다는 주장입니다. 성경 말씀에 "**찬송하리로다 하나님 곧 우리 주 예수 그리스도의 아버지께서 그리스도 안에서 하늘에 속한 모든 신령한 복으로 우리에게 복 주시되 곧 창세 전에 그리스도 안에서 우리를 택하사 우리로 사랑 안에서 그 앞에 거룩하고 흠이 없게 하시려고 그 기쁘신 뜻대로 우리를 예정하사 예수 그리스도로 말미암아 자기의 아들들이 되게 하셨으니 이는 그의 사랑하시는 자 안에서 우리에게 거저 주시는 바 그의 은혜의 영광을 찬미하게 하려는 것이라**"(엡 1:3-6)고 기록되어 있으니 칼빈이 그렇게 오해할 만한 소지가 전혀 없는 것은 아닙니다.

그러나 다시 한번 생각해 보십시오. 죄와 불의가 가득한 우리라도 자기 자식들 중에서 어떤 자식은 이유도 없이 미워하고 어떤 자식은 무조건 편애한다면 그것은 심히 불의(不義)한 일인데, 하물며 선하시고 공의(公義)하신 하나님께서 에서나 야곱이 아직 그 어미의 뱃속에 있을 때에, 아직 무슨 선이나 악을 행하기도 전에 일방적으로 야곱을 편애하고 에서는 심판하기로 작정하셨다면 하나님은 불의한 하나님이란 말이 아닙니까? 그런 주장은 말도 안 되는 소리입니다. 예정설이라고 불리는 "무조건적 선택설"을 포함한 소위 "칼빈주의 5대 교리"라는 것이 얼마나 모순과 거짓말투성이인 줄 여러분은 아셔야 합니다. 그러나 거듭나지 못한 영적인 소경들은 진리의 성경 안에 담긴 하나님의 뜻을 전혀 모르기 때문에, 그런 턱도 없는 논리와 터무니없는 교리를 옹호합니다.

우리의 "행위로 말미암지 않고" 오직 부르시는 이로 말미암아 성립되는 구원

앞서 인용한 로마서 9장의 본문에서, 우리가 눈여겨보아야 할 문구는 **"택하심을 따라 되는 하나님의 뜻이 행위로 말미암지 않고 오직 부르시는 이에게로 말미암아 서게 하려 하사"**라는 말씀입니다. 하나님의 구원은 우리의 행위로 말미암은 것이 아닙니다. 범죄하고 타락한 아담의 후손은 근본 죄 덩어리로 태어났기 때문에 죄를 짓지 않고 거룩하게 살 수 있는 자가 전혀 없습니다. 우리 인간 스스로가 거룩하게 살아서 지옥의 심판을 피할 수 있는 자는 전혀 없습니다. 하나님 앞에서 자기 선한 행위로 지옥의 심판을 피하고 천국 영생을 얻을 수 있는 자는 아무도 없습니다.

    그러나 하나님께서는 당신의 형상대로 지으신 우리들을 사랑하셨기에 누구든지 **"그리스도 안에서"** 오직 믿음으로 구원을 받게 하려고 **"창세전에" "예정"**하셨습니다. 하나님의 예정과 섭리는 광대하고 공의합니다. 자기가 지옥에 가야 마땅한 죄인이라고 자백하고 하나님의 궁휼을 바라며 하나님께로 나오는 자라면 누구든지 **"죄 사함으로 말미암는 구원"**(눅 1:77)을 받고 천국의 영생을 얻게 하신 것이 하나님의 광대한 뜻입니다.

    "택하심을 따라 되는 하나님의 뜻이 행위로 말미암지 않고 오직 부르시는 이에게로 말미암아 서게 하려 하사"-인간의 선한 행위로는 자기를 구원할 자가 아무도 없습니다. 사람이 아무리 자기를 희생해서 남을 돕고 죄를 짓지 않으려고 발버둥을 쳐도 자기의 선행(善行)이나 고행(苦行)으로 하나님의 나라에 들어갈 자는 아무도 없습니다. 천국의 영생을 얻는 구원은 오직 우리의 모든 죄를 일방적으로 없애 놓으시고 그 천국의 잔치에 부르시는 하나님으로 말미암는 것입니다. 누구든지 하나님께서 베푸시는 영생의 잔치에 초청을 받았습니다. 그 부르심에 **"예"** 하고 응답하고 그 잔치 자리에 들어가서 진리의 복음을 배불리 먹으면 영생의 축복을 누릴 수 있습니다.

자기의 의가 충만한 에서와 같은 자들은 구원을 받지 못합니다

    그런데 대부분의 사람들은 하나님께서 초대하시는 영생의 잔치에 들어가고자 하지를 않습니다. 왜 그럴까요? 왜 하나님을 믿는 대부분의 사람들조차 하나님께서 거저 주시는 구원의 은총을 감사함으로 받으려 하지 않는 것일까요? 그것은 자기가 꽤나 의롭다고 착각하기 때문입니다. 자기의 의로 이미 배부른 자들에게 산해진미(山海珍味)를 차려 준들 거들떠보기나 하겠습니까? 자기의 의를 산더미같이 쌓아서 그것을 자랑하며 하나님께 나아가는 자들이 많습니다. 그런 자들이 바로 에서(Esau) 족속(族屬)이며 가인(Cain)의 후예(後裔)들입니다. 가인은 **"땅의 소산으로 제물을 삼아"**(창 4:3), 즉 자기의 의를 제물로 삼아 여호와께 제사를 드렸습니다. 지금도 가인과 같이 자기의 꼬락서니를 모르는 자들은 자기의 의를 쌓아서 그것으로 하나님께 인정을 받으려고 합니다. 그런 자들이 종교인들이며 현대판 바리새인들입니다. 그러나 **"대저 우리는 다 부정한 자 같아서 우리의 의는 다 더러운 옷 같으며 우리는 다 쇠패함이 잎사귀 같으므로 우리의 죄악이 바람 같이 우리를 몰아가나이다"**(사 64:6)라고 이사야 선지자가 탄식한 것처럼 인간의 의는 하나님께서 받으실 수 없는 더러운 옷과 같습니다.

그러나 아벨(Abel)은 자기가 지옥에 가야 마땅한 죄 덩어리라는 사실을 인정했습니다. 그래서 아벨은 아버지 아담이 들려준 가죽옷의 복음을 간절하게 믿었습니다. 하나님께서 아담과 하와에게 입혀 주신 가죽옷은 어린양을 대속의 제물로 희생시켜서 만들어 주신 **"하나님의 의"**(롬 1:17)를 계시합니다. 그래서 아벨은 양의 첫 새끼로 오실 하나님의 아들이 자기를 희생의 제물로 삼아 드려 주실 **"한 영원한 제사"**(히 10:12)를 멀리서 바라보고 믿음으로써 하나님께 감사의 제사를 드렸습니다.

하나님께서 율법을 주신 이유

"죄 사함으로 말미암는 구원"(눅 1:77)을 받으려면 먼저 자기 자신이 지옥에 가야 마땅한 죄 덩어리라는 사실을 인정해야 합니다. 건강한 자에게는 의사가 필요 없듯이, 자기가 죄인이라는 사실도 모르는 자들은 영혼의 의사이신 예수님을 찾을 필요도 없습니다. 그런데 사실 모든 사람은 죄 가운데 태어나서 평생에 미친 마음을 품고 죄를 지으며 살다가 그 죗값으로 지옥에 가야 할 존재들입니다. 그러나 교만한 인생들은 자기의 비참한 모습을 몰라도 너무 모르기 때문에, 하나님께서는 우리가 자기의 추악한 꼬락서니를 깨닫고 하나님께 긍휼을 구하며 나오라고 우리에게 율법을 주셨습니다. 우리가 거울을 들여다보면 자기의 형상을 볼 수 있듯이, 율법은 우리의 근본 모습이 얼마나 더러운지를 깨닫도록 비춰 주는 영의 거울입니다. 즉, 율법은 우리가 얼마나 끔찍한 죄인인가를 스스로 깨달으라고 주신 하나님의 선(善)의 절대적인 기준입니다.

"그러므로 율법의 행위로 그의 앞에 의롭다 하심을 얻을 육체가 없나니 율법으로는 죄를 깨달음이니라"(롬 3:20).

대부분의 기독교인들은 하나님께서 자기들에게 준행하라고 율법을 주셨으며 따라서 자기들은 율법을 지켜야 하고 또 지킬 수 있다고 믿습니다. 분명 율법 자체는 "**거룩하며 의로우며 선**"(롬 7:12)한 것입니다. 따라서 율법을 지키고자 하는 마음 자세는 가상하고 바릅니다. 그런데 문제는 "과연 우리가 율법을 지킬 수 있느냐?" 하는 부분입니다. 율법은 거룩하고 선하고 의롭기 때문에 지키려고 하는 마음 자세는 바른 것이지만, 우리가 율법을 철저하게 지키고자 하면 할수록 우리는 분명 "내가 진정 율법을 지킬 수 있는가?"라는 의구심을 품게 됩니다.

어떤 관원이 예수님께로 와서 **"선한 선생님이여 내가 무엇을 하여야 영생을 얻으리이까"**(눅 18:18) 하고 물었습니다. 예수님께서는 그가 스스로를 매우 의로운 자라고 여기는 자인 줄 아셨기에 **"네가 계명을 아나니 간음하지 말라, 살인하지 말라, 도적질하지 말라, 거짓증거하지 말라, 네 부모를 공경하라 하였느니라"** 하고 그 관원에게 대답해 주셨습니다. 그러자 그 관원은 **"이것은 내가 어려서부터 다 지키었나이다"**(눅 18:21)라고 대답했습니다. 그러나 그의 말은 새빨간 거짓말이었습니다. 우리는 결코 율법을 지킬 수 없는 자들입니다. 율법을 지키는 것이 옳지만 우리는 율법을 지킬 수 없는 연약한 자들입니다. 율법에 **"탐내지 말라"**라고 하셨는데, 우리 마음은 탐심으로 가득하지 않습니까? 십계명에 기록되기를 **"간음하지 말라"**라고 하셨는데, 예수님께서는 **"여자를 보고 음욕을 품는 자마다 마음에 이미 간음하였느니라"**(마 5:28)고 말씀하셨습니다. 그러면 우리는 날마다 간음하는 자들이 아닙니까?

율법은 우리의 행위에만 적용되는 법이 아니라 우리의 마음속에 품은 생각에 까지도 적용되는 규례이며 하나님의 요구하시는 거룩함의 절대적 기준입니다. **"살인하지 말라"**라고 하신 주님께서는 **"그 형제를 미워하는 자마다 살인하는 자"**(요일 3:15)라고 말씀하십니다. 그렇다면 저와 여러분은 살인자요 간음하는 자요 도둑질하는 자가 아닙니까? 물론 율법의 선하고 의로운 뜻을 좇고자 하는 마음이 우리에게 있습니다. 그러나 우리는 그 선한 율법을 지켜 행할 능력이 없습니다. 우리의 마음은 하나님의 율법을 준행하기를 간절하게 원하지만 우리의 육체는 율법을 지켜 행할 능력이 전혀 없습니다. 우리는 날마다 율법을 어기며 죄를 지을 수밖에 없는 비참한 존재들입니다.

그래서 사도 바울은 "그러므로 내가 한 법을 깨달았노니 곧 선을 행하기 원하는 나에게 악이 함께 있는 것이로다 내 속 사람으로는 하나님의 법을 즐거워하되 내 지체 속에서 한 다른 법이 내 마음의 법과 싸워 내 지체 속에 있는 죄의 법 아래로 나를 사로잡아 오는 것을 보는도다 오호라 나는 곤고한 사람이로다 이 사망의 몸에서 누가 나를 건져 내랴"(롬 7:21-24) 하고 자기의 근본 모습이 얼마나 비참한지를 인정하며 탄식했습니다. 율법 앞에 정직한 사람은 사도 바울처럼 "오호라 나는 곤고한 사람이로다" 하고 탄식합니다. 이 부분이 『흠정역』(King James Version) 성경에는 "오 나는 얼마나 비참한 존재인가?"(O wretched man that I am?)라고 번역되어 있습니다. 우리는 율법을 지키고 선을 행하기를 원하지만 실제로는 악만을 행하는 자이며 그래서 지옥에 떨어질 수밖에 없는 비참한 존재들입니다.

구원의 대원칙 - "큰 자가 어린 자를 섬기리라"

그렇다면 하나님께서는 율법을 지킬 능력도 없는 우리들에게 왜 율법을 주셨습니까? 그것은 우리가 율법 앞에서 죄를 깨닫게 하기 위함이며 **"이는 계명으로 말미암아 죄로 심히 죄되게 하려 함"**(롬 7:13)입니다. 이것이 율법을 우리에게 주신 하나님의 뜻인데, 그 율법 앞에서 모든 사람은 두 부류로 나뉩니다.

그 한 부류는 가인(Cain)이나 에서(Esau) 그리고 예수님 앞에 나왔던 관원이나 바리새인들같이 자기들은 율법을 얼마든지 잘 지킬 수 있다고 자부하는 자들입니다. 성경은 그런 부류의 사람을

"큰 자"라고 부릅니다. "큰 자들"은 자기 의의 부자들입니다. 그들은 거저 주시는 하나님의 의를 거부하고 **"땅의 소산"(창 4:3)**인 자기의 의를 쌓아서 그것을 들고 하나님 앞에 나아가려는 자들입니다. 그들은 마음에 죄가 있으면서도 자기들은 영적으로 아무 문제가 없다고 스스로 자부하는 자들입니다. 말하자면 자기들은 영적으로 건강하며 아무 병이 없다고 스스로 만족하는 자들입니다. **"큰 자들"**은 자기들의 의에 배부른 자들입니다. 그래서 그들은 영혼의 의사로 오셔서 죄인을 불러 구원하시는 예수님의 은혜와 긍휼을 바라지도 않습니다.

둘째 부류는 율법 앞에서 자기가 얼마나 큰 죄인인지를 깨닫고 자기와 같이 비참한 자를 불쌍히 여겨 달라고 하나님께 간구하는 자들입니다. 그런 가난한 심령의 소유자들이 바로 **"어린 자들"** 즉 소자(少者)들입니다. 그리고 **"어린 자들"**이 구원의 은총을 입습니다. 하나님의 율법 앞에서 머리를 조아리고 "주여, 저를 불쌍히 여겨 주십시오. 저는 지옥에 가야 마땅한 죄인입니다"라고 고백하는 자들만 **"죄 사함으로 말미암는 구원"(눅 1:77)**을 받습니다. **"큰 자가 어린 자를 섬기리라"**-이것이 하나님께서 세우신 **구원의 대원칙**입니다.

"그 자식들이 아직 나지도 아니하고 무슨 선이나 악을 행하지 아니한 때에 **택하심을 따라 되는 하나님의 뜻이 행위로 말미암지 않고 오직 부르시는 이에게로 말미암아 서게 하려 하사**"(롬 9:11).

우리의 구원은 오직 **"부르시는 이로 말미암아"** 성립됩니다. 우리의 구원은 오직 하나님께서 당신의 외아들 예수 그리스도를 육신으로 보내 주셨고, **"물과 피로 임"(요일 5:6)**하신 성자 예수님께서는 당신의 육체를 제물로 삼아 **"한 영원한 제사"(히 10:12)**를 드려 주셔서 성립되는 것입니다. 우리의 선행이나 공로는 우리의 구원과 아무 상관이 없습니다. 위의 말씀에서 **"택하심을 따라 되는 하나님의 뜻"**이 바로 우리의 구원을 의미하는데, 여기에서 **"택하심"**이란 하나님께서 일방적이고 자의적(恣意的)으로 누구는 택하고 누구는 버리셨다는 칼빈주의의 무조건적 선택설(Doctrine of Unconditional Election)을 의미하지 않습니다. 하나님께서는 예수 그리스도 안에서 모든 인류를 하나도 빠짐없이 다 택하셨습니다. 하나님의 택하심은 광대합니다. 그리고 하나님의 택하심에는 후회하심이 없습니다.

하나님께서는 예수 그리스도께서 드려 주신 **"한 영원한 제사"**(히 10:12)로 모든 인류의 죄를 다 없애 놓으신 진리의 복음으로 구원의 잔치를 베푸시고 우리 인류를 그 잔치에 모두 부르셨습니다. 어느 임금님이 아들의 혼인잔치를 준비하고 모든 사람들을 다 부르셨듯이, 하나님께서는 어떤 사람들만 선택적으로 부르시지 않았습니다. 임금님은 종들에게 사거리 길(大路, highway)로 가서 누구든지 닥치는 대로 다 불러오라고 명하셨습니다. 어느 누구도 하나님의 구원의 초청에서 사전에 배제된 자가 없습니다. 예수 그리스도 안에서 택하심을 입지 못한 자는 전혀 없습니다. 인류 모두가 택하심을 받았고 부르심을 받았습니다. "목마른 자들아 다 내게로 오너라. 죄인들아 하나도 빠짐없이 다 와서 돈 없이 값없이 마음껏 구원의 진리인 생수의 복음을 마시라"라고 오늘도 하나님께서는 모든 죄인들을 부르십니다.

예수님 앞에 **"큰 자와 작은 자"**라는 두 부류의 사람들이 대조적으로 등장했던 때가 많습니다. 바리새인들은 자기의 의가 충만했습니다. 바리새인들은 "하나님이여! 저를 저 세리나 창녀와 같지 않게 하셔서 감사합니다. 저는 일주일에 두 번씩이나 금식하고 십일조를 한 번도 떼어먹은 적이 없습니다!"하며 자기 의를 자랑했습니다. 그런 자들이 구원을 받았습니까? 율법 앞에서 마음이 교만한 자들, 즉 자기 의의 부자들은 구원을 받지 못합니다. 예수님은 **"내가 의인을 부르러 온 것이 아니요 죄인을 불러 회개시키러 왔노라"**(눅 5:32)고 말씀하셨습니다. 자기가 다른 이들보다 의롭다고 생각하는 "자칭(自稱) 의인들"에게는 예수님께서 죄 사함의 은총을 베푸시려고 해도 베푸실 수가 없습니다. 자장면을 열 그릇이나 먹어서 음식을 목구멍까지 꽉 채운 사람에게 아무리 좋은 음식을 대접한들 그가 그것을 먹을 수 있겠습니까? 못 먹습니다. 자기 의가 충만한 사람은 하나님께서 우리에게 거저 주시는 **"하나님의 의"**를 받아들일 마음의 빈 자리가 없습니다. 인간의 의가 충만한 사람은 구원을 받지 못합니다. 자기의 부족과 연약 그리고 악함을 깨닫고 탄식하는 작은 자들, 즉 소자(小者)들만이 아담이 입었던 가죽옷과 같이 완전하고 영원히 해지지 않는 **"하나님의 의"**를 옷 입고 구원을 받습니다. **"큰 자가 어린 자를 섬기리라"**–이것이 바로 하나님께서 우리에게 세워 주신 구원의 대원칙입니다.

가인의 후예들

예수님께서 이스라엘 땅에 오셨을 때에 바리새인들이 득세(得勢)해서 유대교를 장악하고 있었듯이, 지금은 현대판 바리새인들 즉 "자칭 의인"들이 기독교의 주류를 이루고 있습니다. 그들은 경건의 모양을 내는 데는 일등(一等)입니다. 그러나 그런 자들은 **"경건의 모양은 있으나 경건의 능력은 부인하는 자"**(딤후 3:5)들입니다. **"경건의 능력"** 즉 신앙생활의 능력은 **"죄 사함으로 말미암는 구원"**입니다. 현대판 바리새인들은 자기의 의와 공로를 내세우며 신앙생활의 외모를 꾸미는 데는 이등(二等) 가라면 서러운 자들이지만 **"하나님의 의를 모르고 자기 의를 세우려고 힘써 하나님의 의를 복종치 아니하"**(롬 10:3)는 자들입니다.

하나님을 믿는다는 사람들이 하나님께 나아갈 때에 "내 의를 들고 나가느냐? 아니면 오직 하나님의 의만을 들고 나가느냐?"-여기에서 하나님의 축복과 저주가 갈라집니다. 가인(Cain)은 **"땅의 소산,"** 즉 자기의 의를 들고 하나님께 나아갔습니다. 그런데 하나님께서는 가인의 제사와 제물을 받아 주시지 않았습니다. 어떤 사람도 자기의 의로는 절대로 구원을 받지 못합니다. 아벨(Abel)은 아버지 아담으로부터 **"가죽옷의 복음"**을 듣고 그대로 믿었습니다. 어린양이 희생되어야만 얻어지는 가죽옷은 하나님의 의를 계시합니다. "우리는 전적으로 타락한 죄인들이기에 만일 우리가 자기의 의를 들고 나아가면 절대로 하나님께 열납(悅納)될 수 없다. 그런즉 너희는 양의 첫 새끼와 그 기름을 들고 하나님께 나아가라"-아담은 두 아들에게 **"가죽옷의 복음"**을 들려주었습니다. **"양의 첫 새끼"**는 하나님의 독생자이신 예수 그리스도를 계시합니다. **"양의 첫 새끼와 그 기름으로"**(창 4:4) 드린 아벨의 제사는 하나님 아버지의 독생자이신 성자(聖子) 하나님이 성령으로 말미암아 이 땅에 육신을 입고 오셔서 인류의 모든 죄를 세례로 담당하시고 십자가의 피로 대속하심으로써 우리를 모든 죄에서 구원해 주시리라는 약속의 말씀을 아벨이 믿었다는 믿음의 고백입니다. 아벨은 오직 양의 첫 새끼로 오실 예수님의 구원사역을 온전히 믿음으로 구원을 받았습니다. 그러나 가인은 아버지 아담이 전해준 **"가죽옷의 복음"**을 믿지 않았습니다. 가인이 형이고 아벨이 동생인데 결국 큰 자는 구원을 받지 못하고 어린 자가 구원을 받았습니다. 물론 이 말씀은 육신적인 측면에서 큰 자와 어린 자를 의미하지 않습니다. 성경은 인간의 의에 있어서 큰 자가 자기의 의가 전혀 없는 어린 자를 섬기게 된다고 선포합니다. 이것이 구원의 대원리입니다.

"그런즉 원하는 자로 말미암음도 아니요 달음박질하는 자로 말미암음도 아니요 오직 긍휼히 여기시는 하나님으로 말미암음이니라"(롬 9:16).

구원은 자기가 간절히 원한다고 얻는 것도 아니고, 희생과 충성을 하나님께 드리는 일에 1등으로 달려간다고 얻는 것도 아닙니다. 베데스다 연못가에 많은 병자들과 불구자들이 모여들어서 연못 물이 움직이는지를 주시(注視)하고 있었습니다. 가끔 천사가 내려와서 연못 물을 동하게 할 때에 누구든지 1등으로 들어가는 자는 어떤 병에 걸렸든지 고침을 받는다는 "전설"을 그들은 믿었습니다. 오늘날의 종교인들도 자기의 공로를 쌓는 일에 달음질을 잘해서 1등을 해야 구원을 받는다는 신화(神話)를 믿습니다. 그러나 그런 종교인들은 예수님께서 그 연못가에 와 계신지도 몰랐습니다. 그들의 관심은 오직 1등으로 연못에 들어가는 데에만 쏠려 있었습니다. 베데스다 못가의 수많은 사람들 중에서 정작 주님을 만나서 구원을 받은 사람은 아무도 거들떠보지 않았던 그 사람, 38년 된 병자였습니다. 그는 다른 이들과 비교해 볼 때에 자기는 아무것도 할 수 없어서 치료받을 희망조차 포기한 자였습니다. 그는 자기의 열심이나 선행을 자랑하는 종교의 노선에서는 꼴찌였던 소자(小者)였습니다.

"죄 사함으로 말미암는 구원"(눅 1:77)은 하나님께서 전적으로 거저 주시는 선물입니다. 그리고 그 선물은 자기의 의가 전혀 없는 자들만 받습니다. 하나님의 완전한 의는 우리의 선행이나 헌신이나 열심이나 기도나 희생과는 상관없이 하나님께서 전적으로 거저 주시는 선물인데, 어떤 자가 하나님의 구원의 선물을 받습니까? 38년 된 병자와 같이 자기는 아무것도 내세울 것이 없다고 시인하는 자, 자기가 얼마나 큰 죄 덩어리인 줄을 아는 자, 자기는 만물의 찌꺼기만도 못하다고 고백하는 자, 즉 하나님 앞에서 **"심령이 가난한 자"**(마 5:3)가 하나님의 의를 옷 입고 구원을 받습니다. **"큰 자가 어린 자를 섬기리라"**-자기의 의가 다 거덜나서 자기에게는 옳음이 전혀 없는 자라야 하나님 앞에서 구원을 받고 영생의 축복을 받습니다. 이것이 구원의 대원칙입니다.

에서가 아니라 야곱의 믿음을 따르는 자들

하나님을 믿는 자들 앞에 에서(Esau)의 노선(路線)과 야곱(Jacob)의 노선-이 두 개의 노선이 있습니다. 그러면 우리는 어떤 노선을 따라가야 합니까? 에서의 노선을 따라가야 합니까? 아닙니다. 에서의 노선은 멸망의 길입니다. 우리는 야곱의 믿음을 뒤따라가야 합니다. 야곱에게 복 주신 하나님을 바라보면서 야곱의 믿음을 본받고 좇아야 합니다. 인간의 관점에서 보면 야곱은 아주 간교(奸巧)한 자입니다. 그러나 야곱은 영적인 사람이었습니다. 그는 영적인 것들을 귀중하게 여기고 사모했습니다. 야곱은 형인 에서에게 팥죽 한 그릇을 주고 에서의 장자권(長子權)을 샀습니다. 장자권은 지금 당장 그 효력을 발휘하는 것이 아닙니다. 장차 먼 훗날에 아버지께서 돌아가셔야만 그 분깃이 자기에게 돌아오는 것인데,

먼 훗날에 자기의 것이 될 귀중한 것을 위해서 현재의 육신적인 것을 포기할 수 있는 마음이 영적인 마음입니다. 야곱은 육신적인 것을 희생해서 영적인 축복을 얻었습니다.

그러나 에서는 육신적인 것에 마음을 다 빼앗긴 자였습니다. 천국의 영생같이 먼 훗날의 축복은 그에게 아무 의미가 없었습니다. 그렇게 육신의 욕망만을 좇는 자들은 하나님의 나라에 들어가지 못합니다. 에서는 태어날 때부터 털이 많고 힘이 좋았습니다. 그는 그 많은 힘으로 사냥꾼이 되어 들판을 누볐습니다. 에서(Esau)의 별명이 에돔(Edom)인데 "붉다"라는 뜻입니다. 나중에 에서는 하나님의 다스림을 떠나서 세일 산 주변의 에돔 땅에 거했습니다. 하나님의 다스림이 싫어서 하나님을 떠나는 것부터가 악한 짓입니다. 에서는 하나님의 이름을 부르기는 하지만 하나님의 뜻을 무시하고 자기의 의를 좇아가는 오늘날의 종교인들의 시조(始祖)입니다.

말라기서의 시대적 배경

하나님께서 말라기를 통해서 이스라엘 백성에게 경고의 말씀을 하신 시대가 언제입니까? 이스라엘의 왕조시대를 거슬러 올라가면 첫 번째 왕인 사울 왕이 등장합니다. 이스라엘 백성들이 하나님 앞에서 왕을 세워달라고 간청해서 하나님께서는 선지자 사무엘을 통해서 그들의 왕으로 사울을 세워 주셨습니다. 그런데 사울 왕은 하나님의 말씀을 순종하지 않고 자기의 영광만을 추구했습니다. 그래서 하나님께서 당신의 마음에 합한 다윗을 왕으로 세우셨습니다 다윗 왕은 기원전 1,000년경에 40년간 이스라엘 민족을 다스렸습니다. 그리고 다윗의 아들 솔로몬이 왕위를 이어받아 또 40년간을 통치했습니다. 그런데 솔로몬은 주변 나라들과 평화를 유지하려고 수많은 이방(異邦)의 공주들과 정략적인 결혼을 했습니다. 솔로몬이 말년에 대언(代言)한 아가서에 **"왕후가 육십이요 비빈이 팔십이요 시녀가 무수하되"**(아 6:8)라는 말씀을 보면 얼마나 많은 이방 공주들을 아내로 들였는지를 짐작할 수 있습니다. 그런 이방의 공주들이 솔로몬과 결혼하면서 자기 민족의 우상(偶像) 신들을 끌고 들어왔는데, 그로 인하여 이스라엘 백성들이 우상을 섬기게 되었습니다.

하나님께서는 우상숭배에 빠진 이스라엘 민족에게 심판과 저주를 내리셨습니다. 솔로몬 왕 다음에 왕위를 계승한 자가 솔로몬의 아들 르호보암 왕입니다. 젊은 르호보암은 왕위에 오르면서 철없는 자기 동무들의 말을 듣고 선왕(先王) 솔로몬의 충신들을 다 잡아 죽였습니다. 솔로몬 왕의 신하 장군이었던 여로보암도 르호보암에게 충언을 했다가 르호보암의 미움을 받고 도망을 치게 되었습니다. 그리고 여로보암은 르호보암 왕을 대적하는 세력을 규합해서 북쪽 지방에 나라를 세웠습니다. 그렇게 해서 이스라엘 나라가 둘로 쪼개졌습니다. 여로보암은 열 지파를 이끌고 북쪽으로 가서 사마리아를 수도로 하는 이스라엘 왕국을 세웠고, 르호보암 왕이 통치하는 남쪽의 유다왕국에는 유다 지파와 베냐민 지파만 남았습니다.

이 시대가 유다 왕국과 이스라엘 왕국으로 분열되었던 분열 왕국의 시대입니다. 분열 왕국 시대에는 남북의 두 나라가 계속 싸웠습니다. 때로는 유다 왕국에 영적으로 올바른 왕들이 일어나서 믿음의 개혁을 시도하기도 했지만 두 왕국은 점점 더 쇠락(衰落)의 길로 치달았습니다. 그러다가 북 왕조 이스라엘이 먼저 멸망을 당했습니다. 기원전 6세기경에 앗수르 왕국이 북 왕국 이스라엘에 쳐들어와서 수도인 사마리아는 완전히 초토화되고 왕국이 멸망합니다. 유다 왕국도 겨우 명맥을 유지하다가 이스라엘 왕국이 멸망한 지 100년도 못되어서 바벨론 왕국의 침공을 받고 멸망합니다. 이로 인하여 이스라엘 백성은 포로로 끌려가서 바벨론 왕국에서 종살이를 합니다. 그러나 하나님께서 고레스(Cyrus) 왕과 같은 바벨론의 왕들의 마음을 감동시키셔서 종살이하던 유대인들을 본국으로 귀환시켜 주십니다. 하나님께서 에스라 선지자와 느헤미야 선지자를 세우셔서 이스라엘 백성들을 인도해 귀환하게 하시고 예루살렘 성벽과 성전을 재건하고 이스라엘 백성들의 믿음을 새롭게 하셨습니다.

그러나 그러한 신앙의 개혁도 잠깐이었고 이스라엘은 다시 영적 암흑기에 들어갔습니다. 하나님께서 말라기(Malachi) 선지자를 세우셔서 이스라엘 민족에게 경고하신 말씀이 내린 후에 더 이상 하나님의 말씀을 전하는 종들이 일어나지 않았습니다. 말라기 선지자는 구약의 마지막 선지자였습니다. 말라기 선지자가 하나님의 말씀을 대언했던 시기는 대략 기원전 400년경인데, 그때부터 예수님의 길을 예비하려 보내심을 받은 하나님의 종 세례 요한이 일어나기까지 약 400년간의 암흑기를 "신구약 중간 시대"라고 부릅니다. 춥고 어두운 밤이 깊을수록 새벽이 오기를 더욱 기다리게 됩니다. 그런 영적 암흑기를 거치면서 말라기서(書)의 말씀을 믿음으로 받은 자들은 그 말씀에 예언된 구세주와 주님 앞에 보내 주시기로 약속된 **"선지 엘리야"(말 4:5)**를 간절히 기다렸습니다.

자기의 의로써 하나님의 의를 대적하는 종교인들

"여호와께서 가라사대 내가 너희를 사랑하였노라 하나 너희는 이르기를 주께서 어떻게 우리를 사랑하셨나이까 하는도다 나 여호와가 말하노라 에서는 야곱의 형이 아니냐 그러나 내가 야곱을 사랑하였고 에서는 미워하였으며 그의 산들을 황무케 하였고 그의 산업을 광야의 시랑에게 붙였느니라 에돔은 말하기를 우리가 무너뜨림을 당하였으나 황폐된 곳을 다시 쌓으리라 하거니와 나 만군의 여호와는 이르노라 그들은 쌓을지라도 나는 헐리라 사람들이 그들을 일컬어 악한 지경이라 할 것이요 여호와의 영영한 진노를 받은 백성이라 할 것이며"(말 1:2-4).

말라기 선지자의 시대나 지금이나 대부분의 사람들은 자기의 의를 쌓아서 그것으로 하나님께 나아가려고 합니다. 자기 의를 쌓아서 하나님께 인정을 받으려는 노선이 종교(宗教)입니다. 가인(Cain)과 에서(Esau)가 걸었던 길이 바로 종교의 노선인데, 사람들이 그러한 종교의 노선을 고집하기 때문에 지옥의 판결과 저주를 받습니다.

"죄 사함으로 말미암는 구원"(눅 1:77)을 받기 원하는 사람은 "하나님, 저는 결코 의롭지 않습니다. 저는 지옥에 가야 마땅한 죄인입니다. 저를 불쌍히 여겨 주십시오"라는 진솔한 고백을 주님께 드리는 자입니다. 예수님께서는 **"건강한 자에게는 의원이 쓸데없고 병든 자에게라야 쓸데 있느니라"**(마 9:12)고 말씀하신 뜻을 기억하십시오. 기독교인들 중에는 스스로 너무나 잘나고 의로워서 자기 영혼의 의사이신 예수님이 전혀 필요 없는 사람들이 많습니다. 그런 자의 마음에는 분명 죄가 있는데도 자기는 구원의 확신이 있다고 자기의 믿음을 자랑하며 계속해서 무화과 나뭇잎으로 치마를 만들어 입습니다. 그들은 자기 의의 이파리가 어디 한군데 떨어지기가 무섭게 새로운 치마를 만들어서 입습니다. 종교인들은 너무나 거룩하고 의롭고 선한 척을 하지만, 그들의 마음에는 죄가 있기 때문에 분명히 지옥에 갑니다. "**죄의 삯은 사망**"(롬 6:23)입니다. 누구든지 마음에 죄가 있으면 지옥에 갑니다. 아무리 예수님을 오랫동안 열심으로 믿었을지라도 "죄가 있으면 지옥의 심판을 받는다"라는 사실은 엄정한 하나님의 법입니다.

그런데 에서파(派) 기독교인들은 지금도 계속해서 자기 의로 구원의 탑을 쌓으려고 합니다. "**우리가 무너뜨림을 당하였으나 황폐된 곳을 다시 쌓으리라**"(말 1:4)-하나님께서 그들의 의의 탑을 무너뜨리면 그들은 즉시로 다시 세우는데 이런 자들은 결국 구원을 받지 못합니다. 자기 옳음의 바벨탑을 쌓아서 하나님과 맞먹으려는 교만함에 있어서는 말라기 시대의 이스라엘 백성들이나 지금의 기독교인들이나 다를 것이 없습니다. 사도 바울은 당시의 유대인들이 "**하나님께 열심이 있으나 지식을 좇은 것이 아니라 하나님의 의를 모르고 자기 의를 세우려고 힘써 하나님의 의를 복종치 아니하였느니라**"(롬 10:2-3)고 그들의 잘못을 지적했습니다. 오늘날의 종교인들도 자기가 지옥에 가야 할 비참한 존재인 사실을 인정하지 않기 때문에 가인(Cain)의 길로 행합니다.

하나님께서는 그토록 완악한 이스라엘 백성들을 버려두시고 이방인들이 먼저 구원을 받게 하셨습니다. "**너희는 목도하고 이르기를 여호와께서는 이스라엘 지경 밖에서 크시다 하리라**"(말 1:5). 이 말씀은 이스라엘 지경 밖의 이방 땅으로 구원의 복음이 전파된다는 예언의 말씀입니다. 사도 바울은 먼저 유대인들에게 복음을 전파하려고 했으나 그들이 끝내 자기의 의를 내세우며 하나님의 의를 받아들이지 않았기 때문에 이방인의 사도가 되었습니다. 그래서 "여호와께서는 이스라엘 지경 밖에서 크시다 하리라"(말 1:5)는 말씀이 성취되었습니다.

제사장의 중요성

"내 이름을 멸시하는 제사장들아 나 만군의 여호와가 너희에게 이르기를 아들은 그 아비를, 종은 그 주인을 공경하나니 내가 아비 일진대 나를 공경함이 어디 있느냐 내가 주인일진대 나를 두려워함이 어디 있느냐 하나 너희는 이르기를 우리가 어떻게 주의 이름을 멸시하였나이까 하는도다"(말 1:6).

믿음의 세계에서는 제사장이 매우 중요합니다. 하나님께서는 레위 지파 중에서도 아론의 후손을 제사장으로 삼으셨습니다. 제사장이 타락하면 그들의 인도를 받는 백성들은 전자동으로 멸망의 길로 가게 됩니다. 그만큼 제사장이 중요합니다. 오늘날 교회들도 말씀을 가르치고 복음을 선포하는 하나님 종들이 굉장히 중요합니다. 제사장은 영혼들의 영적인 인도자인데, 이 시대에는 소위 "하나님의 종들"이라고 불리는 목사와 전도사들이 구약시대의 제사장에 해당됩니다. 하나님의 종이라 불리는 자가 영적으로 잘못되면 그 밑에서 말씀을 듣고 따르는 교인들은 다같이 전자동으로 망합니다.

예수님께서는 **"만일 소경이 소경을 인도하면 둘이 다 구덩이에 빠지리라"**(마 15:14)고 말씀하셨습니다. 이는 자기도 거듭나지 못했으면서 백성들을 인도하겠다고 설치던 당시의 종교지도자들을 책망하신 주님의 말씀입니다. 자기도 어디로 가야 할지를 모르는 소경이 다른 소경들을 인도하겠다고 나대는 모습을 한번 상상해 보십시오. 거듭나지 못한 소경 인도자들은 절대로 다른 사람들을 인도해서 거듭나게 할 수 없습니다. 자기도 거듭나지 못해서 마음에 죄가 있으면서 다른 죄인들을 어떻게 인도해서 의인들만 들어갈 수 있는 천국으로 데리고 갈 수 있겠습니까?

레위 족속 제사장들의 세 가지 중요한 책무

첫째, 레위 족속 제사장들은 날마다 하나님께 예배를 드렸습니다. 그들이 매일 행하는 중요한 책무 중의 하나가 상번제(常燔祭)를 드리는 일이었습니다. 상번제의 "상"(常) 자는 일상(日常) 상(常) 자입니다. 제사장들은 성막이나 성전에서 조석(朝夕)으로 상번제를 드렸습니다. 그리고 일주일에 한 번씩 열두 개의 새 무교병(無酵餅)을 만들어서 떡상에 진설병(陳設餅)으로 올리고 헌 떡은 물려내서 제사장들이 먹었습니다. 제사장들은 인간의 생각이 섞이지 않은 순수한 하나님의 말씀을 믿고 좇았습니다. 이처럼 제사장들의 첫 번째 책무는 하나님께 드리는 예배입니다.

둘째로는 제사장들은 하나님의 뜻, 즉 율례를 선포했습니다-**"대저 제사장의 입술은 지식을 지켜야 하겠고 사람들이 그 입에서 율법을 구하게 되어야 할 것이니 제사장은 만군의 여호와의 사자가 됨이어늘"**(말 2:7). 하나님의 말씀인 율례를 선포하는 것이 제사장의 책무입니다. 특별히 제사장들은 **"진리를 아는 지식"**(히 10:26)인 하나님의 복음을 지키고 전파해야 했습니다. 그런데 이스라엘의 제사장들은 지식을 버렸고 그로 인하여 백성들은 망하게 되었습니다: **"내 백성이 지식이 없으므로 망하는도다 네가 지식을 버렸으니 나도 너를 버려 내 제사장이 되지 못하게 할 것이요 네가 네 하나님의 율법을 잊었으니 나도 네 자녀들을 잊어버리리라"(호 4:6).

마지막 제사장들의 세 번째 직무는 백성들의 속죄를 위해서 속죄제사를 드려 주는 일인데, 이것이 가장 중요한 제사장의 책무였습니다. 하나님의 율법을 어긴 백성들이 흠 없는 제물을 끌고 성막이나 성전으로 나아오면 제사장들은 그들이 죄 사함을 받도록 속죄의 제사를 드려 주었습니다.

"만일 평민의 하나가 여호와의 금령 중 하나라도 부지중에 범하여 허물이 있었다가 그 범한 죄에 깨우침을 받거든 그는 흠 없는 암염소를 끌고 와서 그 범한 죄를 인하여 그것을 예물로 삼아 그 속죄제 희생의 머리에 안수하고 그 희생을 번제소에서 잡을 것이요 제사장은 손가락으로 그 피를 찍어 번제단 뿔에 바르고 그 피 전부를 단 밑에 쏟고 그 모든 기름을 화목제 희생의 기름을 취한 것같이 취하여 단 위에 불살라 여호와께 향기롭게 할지니 제사장이 그를 위하여 속죄한 즉 그가 사함을 얻으리라"(레 4:27-31).

"죄 사함으로 말미암는 구원"(눅 1:77)의 비밀이 이 속죄제사에 계시(啓示)되어 있습니다. 하나님께서 세워 주신 속죄제사는 반드시 세 가지 요건이 충족되어야 했습니다.

1. 흠 없는 제물-"그 범한 죄에 깨우침을 받거든 그는 흠 없는 암염소를 끌고 와서 그 범한 죄를 인하여 그것을 예물로 삼아"-어떤 사람이 하나님의 계명 중의 하나를 어겨서 죄를 짓고 나서 그 죄를 깨닫고서 마음이 두렵고 괴로우면, 먼저 흠 없는 대속(代贖)의 제물(祭物)을 제사장 앞으로 끌고 와야 합니다. 속죄의 제물로 쓰일 소나 양이나 염소는 완벽하게 흠이 없어야 합니다. 저는 것이

나 눈먼 것이나 헌데가 있는 제물은 불합격 제물입니다.

2. 안수(按手)-"그 속죄제 희생의 머리에 안수하고"-둘째로는 죄인이 반드시 그 희생제물의 머리에 안수를 해야 합니다. **"아론은 두 손으로 산 염소의 머리에 안수하여 이스라엘 자손의 모든 불의와 그 범한 모든 죄를 고하고 그 죄를 염소의 머리에 두어"**(레 16:21)라고 기록된 대로, 안수(按手)란 "죄가 넘어간다"라는 뜻입니다. 자, 어젯밤에 간음의 죄를 지은 자가 제사장 앞에서 하나님의 말씀을 믿음으로 흠 없는 암염소의 머리에 안수를 했습니다. 그러면 그 간음의 죄가 이제 어디에 가 있습니까? 그의 안수를 통해서 마음에 기록되었던 간음의 죄가 그 암염소에게 넘어갔습니다.

3. **피 흘림**-이제 제사장은 그 백성의 손에 칼을 쥐여 줍니다. 그리고 그 사람은 자기의 죄 때문에 대신 죽어야 하는 암염소를 바라보면서 비장한 마음으로 그 암염소의 목을 땁니다. 그러면 제사장은 그 피를 받아서 피를 번제단 뿔에 바르고 남은 피는 번제단 아래 땅에 확 뿌립니다. 속죄제물의 피를 번제단 뿔에 바르고 땅에 쏟는 것은, 두 군데 기록된 우리의 죄가 대속의 피로 말끔히 사해졌다는 사실을 의미합니다.

"유다의 죄는 금강석 끝 철필로 기록되되 그들의 마음 판과 그들의 단 뿔에 새겨졌거늘"(렘 17:1)-우리가 죄를 지으면 그 죄는 두 군데, 즉 하나님 보좌 앞에 있는 심판 책과 우리의 마음 판에 기록됩니다. **"육체의 생명은 피에 있음이라 내가 이 피를 너희에게 주어 단에 뿌려 너희의 생명을 위하여 속하게 하였나니 생명이 피에 있으므로 피가 죄를 속하느니라"**(레 17:11) 하셨고 또 **"피 흘림이 없은즉 사함이 없느니라"**(히 9:22)고 말씀하셨습니다. 우리의 죄는 오직 피(생명)로만 지워져서 도말(塗抹)되는 것인데, 흠 없는 어린양이 안수를 통해서 제사를 드리는 자의 죄를 짊어지고 대신 흘려 준 피로써 두 군데에 기록된 죄가 깨끗이 도말(塗抹-덧칠해서 지워짐)된 것입니다.

불법의 제사를 드리는 자들

제사장들은 성막이나 성전에서 이렇게 중요한 직무들을 수행해야 했습니다. 그런데 제사장들이 하나님의 법을 무시하고 더러운 떡과 흠 있는 제물을 하나님께 드렸습니다. 말라기 시대의 제사장들은 백성들이 끌고 온 좋은 제물은 빼돌리고 그 대신 눈먼 것, 저는 것, 병에 걸린 제물들로 제사를 드렸습니다. 그들이 왜 그렇게 흠이 있는 불합격 제물을 드렸겠습니까? 하나님보다 돈을 더 사랑했기 때문입니다.

오늘날 하나님의 종이라고 자칭하는 자들도 마찬가지입니다. 오늘날 기독교가 왜 믿지 않는 사람들에게 "개독교"라고 비난을 받으며 그들에게 지탄의 대상이 되었습니까? 소위 하나님의 종이라는 자들이 욕망에 눈이 어두워서 제사장의 직무를 제대로 준행하지 않았기 때문입니다. 그들은 어마어마한 부를 축적하여 성채(城砦)와 같은 큰 예배당을 짓고 그 안에서 왕 노릇을 합니다. 그뿐만 아니라 중세시대의 왕들처럼 그 모든 권세를 자기 자식에게 대물림을 하기도 합니다. 타락한 제사장들로 인하여 이스라엘 백성이 멸망을 당했던 것처럼 타락한 기독교는 반드시 하나님의 심판을 받고 멸절될 것입니다.

말라기 시대에도 제사장들이 타락하고 패역한 짓을 해서 결국 하나님께서 이스라엘 민족에게서 당신의 말씀의 촛대를 옮기시고 그 민족을 멸망시키셨습니다. 말라기서(書)를 끝으로 구약성경은 끝이 납니다. 말라기 선지자가 구약의 마지막 하나님 종인데 말라기 선지자 이후에는 하나님께서 이스라엘 민족에게 말씀을 들려주시지 않았습니다. 그래서 말라기의 시대로부터 예수님께서 태어나시기까지 약 400년 동안의 깜깜한 암흑기를 거치면서 이스라엘 백성은 나라를 잃어버리고 지중해 연안으로 확 흩어지게 됩니다.

하나님은 당신의 종들이 진리의 말씀을 온전히 믿고 전파하기를 원하신다

"그러나 너희는 말하기를 여호와의 상은 더러웠고 그 위에 있는 실과 곧 식물은 경멸히 여길 것이라 하여 내 이름을 더럽히는도다 만군의 여호와가 이르노라 너희가 또 말하기를 이 일이 얼마나 번폐스러운고 하며 코웃음하고 토색한 물건과 저는 것, 병든 것을 가져왔느니라 너희가 이같이 헌물을 가져오니 내가 그것을 너희 손에서 받겠느냐 여호와의 말이니라 떼 가운데 수컷이 있거늘 그 서원하는 일에 흠 있는 것으로 사기하여 내게 드리는 자는 저주를 받으리니 나는 큰 임금이요 내 이름은 열방 중에서 두려워하는 것이 됨이니라 만군의 여호와의 말이니라"(말 1:12-14).

하나님께서는 우리가 하나님께 온전한 믿음의 제사를 드리기를 원하십니다. 하나님께서는 제사장들이 드리는 흠 없는 제물과 깨끗한 떡을 받기를 원하십니다. 흠 없는 제물은 온전한 진리의 복음을 의미하고 깨끗한 떡은 하나님의 순수한 말씀을 지칭합니다. 우리는 온전한 진리의 복음을 깨닫고 믿음으로 하나님께 온전한 의의 제사를 드리고 있습니다. 우리가 흠 없는 제물과 깨끗한 떡을 믿음으로 드릴 때에 우리는 영육간에 하나님의 축복을 넘치게 받게 됩니다.

그런데 말라기 시대의 제사장들은 하나님의 규례를 경홀히 여기고 자기의 욕망을 채우기에 급급했습니다. 오늘날의 제사장들, 즉 자칭(自稱) 하나님 종들도 마찬가지입니다. 흠 있는 제물, 즉 저는 것, 눈먼 것, 병든 것을 제물로 드려서 죄 사함을 받을 수 있습니까? 결코 죄 사함을 받지 못합니다. 흠 있는 제물은 "온전하지 못한 사이비 복음"을 계시합니다. 오늘날 수많은 기독교인들이 새벽마다 모여서 울부짖으며 눈물로 회개 기도를 드리지만 그러한 회개 기도로써 그들의 마음에 가득한 죄가 흰 눈처럼 씻어집니까? 기독교인들이 왜 죄 사함을 받지 못하고 "예수 믿는 죄인"(Christian sinners)으로 살다가 지옥에 갑니까? 그것은 말라기 시대의 제사장들이 흠 있는 제물을 드린 것처럼, 이 시대의 자칭 "하나님의 종들"이 온전치 않은 사이비(似而非) 복음을 믿고 전파하기 때문입니다.

종교는 자기의 의를 세우고 신앙(믿음)은 하나님의 의를 높입니다. 하나님께서는 우리에게 에서(Esau)가 걸어갔던 종교의 노선을 좇지 말고 야곱(Jacob)의 뒤를 좇아 신앙의 길을 따르라고 말씀하십니다. 아직 **"죄 사함으로 말미암는 구원"**(눅 1:77)을 받지 못한 분은 하나님의 율법 앞에서 "주여, 저는 지옥에 가야 마땅한 자입니다. 저를 불쌍히 여겨 주십시오" 하고 자백해야 합니다. 그러면 긍휼에 풍성하신 하나님께서 온전한 진리의 복음으로 만나 주십니다. 그래서 죄 사함을 받고 거듭나는 축복을 입혀 주십니다.

오늘 성경 사경회(查經會)에 오신 모든 분들은 이번 "말라기서 성경 사경회"에 빠지지 말고 참석하셔서 하나님의 말씀을 경청하시기를 바랍니다. 저는 여러분들이 베뢰아 사람들(Bereans)처럼 **"간절한 마음으로 말씀을 받고 이것이 그러한가 하여 날마다 성경을 상고"**(행 17:11)하는 **"신사적"**(noble)인 믿음의 사람들이 되시기를 바랍니다.

말씀을 마쳤습니다.

레위와 세운 구원의 언약

"너희 제사장들아 이제 너희에게 이같이 명령하노라
 만군의 여호와가 이르노라 너희가 만일 듣지 아니하며 마음에 두지 아니하여 내 이름을 영화롭게 하지 아니하면 내가 너희에게 저주를 내려 너희의 복을 저주하리라 내가 이미 저주하였나니 이는 너희가 그것을 마음에 두지 아니하였음이니라
 보라 내가 너희의 종자를 견책할 것이요 똥 곧 너희 절기의 희생의 똥을 너희 얼굴에 바를 것이라 너희가 그것과 함께 제하여 버림을 당하리라
 만군의 여호와가 이르노라 내가 이 명령을 너희에게 내린 것은 레위와 세운 나의 언약이 항상 있게 하려 함인줄을 너희가 알리라
 레위와 세운 나의 언약은 생명과 평강의 언약이라 내가 이것으로 그에게 준 것은 그로 경외하게 하려 함이라 그가 나를 경외하고 내 이름을 두려워하였으며
 그 입에는 진리의 법이 있었고 그 입술에는 불의함이 없었으며 그가 화평과 정직한 중에서 나와 동행하며 많은 사람을 돌이켜 죄악에서 떠나게 하였느니라
 대저 제사장의 입술은 지식을 지켜야 하겠고 사람들이 그 입에서 율법을 구하게 되어야 할 것이니 제사장은 만군의 여호와의 사자가 됨이어늘
 너희는 정도에서 떠나 많은 사람으로 율법에 거치게 하도다 나 만군의 여호와가 이르노니 너희가 레위의 언약을 파하였느니라
 너희가 내 도를 지키지 아니하고 율법을 행할 때에 사람에게 편벽되이 하였으므로 나도 너희로 모든 백성 앞에 멸시와 천대를

당하게 하였느니라 하시니라

 우리는 한 아버지를 가지지 아니하였느냐 한 하나님의 지으신 바가 아니냐 어찌하여 우리 각 사람이 자기 형제에게 궤사를 행하여 우리 열조의 언약을 욕되게 하느냐"(말 2:1-10).

 여러 가지 연구 자료들을 종합해 보면 말라기(Malachi) 선지자는 기원전(B.C) 420년을 전후해서 하나님의 종으로 활약했던 것으로 추정됩니다. 그러니 말라기 선지자가 활동했던 시대는 지금으로부터 약 2,400년 전인 기원전 5세기 말입니다. 말라기 선지자가 구약의 마지막 종으로서 하나님의 말씀을 대언(代言)한 시대에서부터 세례 요한이 광야에서 하나님의 말씀을 외치기까지 이스라엘 민족에게 하나님의 종들이 없었습니다. 하나님 종이 전혀 없었던 400여 년간의 영적 암흑기를 "신구약 중간기"(中間期)라고 부릅니다. 이 암흑기를 지난 후에 말라기서에 약속하신 하나님의 말씀은 그대로 성취되었습니다. 말라기서에 약속하신 "오리라 한 엘리야"(세례 요한)와 구원자 예수님께서 이 땅에 오셨고 하나님의 구원의 역사는 온전히 성취되었습니다. 어두움이 짙을수록 별빛들은 더 선명하듯이, 세례 요한은 신약시대의 첫 번째 종으로 혜성같이 등장해서 메시아로 오실 예수 그리스도를 소개하고 주님의 길을 예비하는 사역을 준행했습니다.

비참한 운명의 우리들

 하나님께서는 **"레위와 세운 나의 언약은 생명과 평강의 언약이라"**(말 2:5)고 말씀하셨습니다. 여기에서 **"생명과 평강의 언약"**이란 **구원의 복음**을 의미합니다. 복음은 우리에게 영원한 생명과 평강을 가져다 줍니다. 만일 하나님의 구원의 복음, 즉 **"생명과 평강의 언약"**이 없었더라면, 우리는 어떠한 운명에 처하게 되었을까요? 한 번 죽는 것은 하나님께서 우리에게 정하신 일이고 그 후에는 심판이 있습니다. 또 성경은 **"죄의 삯은 사망"**(롬 6:23)이라고 말씀합니다. 누구든지 마음에 죄가 있으면 지옥의 심판을 받습니다. 하나님은 공의하시고 거룩한 분이기 때문에 죄를 용납하지 않습니다. 그런데 우리 마음속에는 근본(태어날 때부터) 죄가 가득 들어 있습니다. 그래서 우리는 아무리 조심하고 노심초사해도 죄를 지을 수밖에 없는 비참한 존재들입니다.

자, 지금 제가 손에 컵을 들고 있는데 이 컵에 똥물이 담겼다고 가정해 봅시다. 똥물도 오랫동안 가라앉히면 위에는 맑은 물이 뜹니다. 그 물은 말갛게 보이지만 실상은 세균이 바글바글합니다. 우리 인간의 선한 행위는 그 똥물과 같습니다. **"만물보다 거짓되고 심히 부패한 것은 마음이라 누가 능히 이를 알리요마는 나 여호와는 심장을 살피며 폐부를 시험하고 각각 그 행위와 그 행실대로 보응하나니"**(렘 17:9-10)라고 말씀하셨습니다. 이 말씀대로 우리는 만물 중의 하나인 똥보다 더 더러운 마음을 가지고 있으니 그 마음에서 흘러나온 행위에는 온갖 거짓되고 더러운 동기(動機)들이 세균처럼 잔뜩 섞여 있을 수밖에 없습니다. 그런데도 종교인들은 자기들이 얼마든지 선한 행위를 하며 거룩하게 살 수 있다고 믿습니다. 오래 가라앉혀서 말갛게 보이는 똥물을 깨끗하다고 여기며 서로 자기의 똥물이 더 맑다고 자랑하는 자들이 종교인들입니다. 주님께서는 그러한 종교인들을 향해서 **"화 있을찐저 외식하는 서기관들과 바리새인들이여 잔과 대접의 겉은 깨끗이 하되 그 안에는 탐욕과 방탕으로 가득하게 하는도다"(마 23:25) 하고 책망하셨습니다.

우리 모두는 육체라는 질그릇 안에 온갖 죄를 가득 담고 태어난 자들입니다. 뚜껑 열린 간장병을 마구 흔들어 대면 간장이 흘러나오듯이, 우리들도 심하게 흔들리는 자극을 받으면 마음속의 죄들이 행동과 표정과 말로 마구 쏟아져 나옵니다. "너희의 허물과 죄로 죽었던 너희를 살리셨도다"(엡 2:1)-성경은 우리의 마음속에 들어 있는 악한 요인들을 "죄"(sins)라고 말씀하고 그 죄가 말이나 표정이나 행위로 흘러나온 것을 "허물"(trespasses)이라고 정의합니다. 그러면 우리의 마음 안에 생래적(生來的)으로 장착되어 있는 죄들은 어떤 것일까요?

"또 가라사대 사람에게서 나오는 그것이 사람을 더럽게 하느니라 속에서 곧 사람의 마음에서 나오는 것은 악한 생각 곧 음란과 도적질과 살인과 간음과 탐욕과 악독과 속임과 음탕과 흘기는 눈과 훼방과 교만과 광패니 이 모든 악한 것이 다 속에서 나와서 사람을 더럽게 하느니라"(막 7:20-23).

예수님께서 바리새인들과 함께 식사를 하시게 되었는데, 주님의 제자들은 씻지 않은 손으로 음식을 마구 집어 먹었습니다. 그러자 바리새인들은 "저렇게 씻지 않은 손으로 음식을 먹는 것을 보니 저들은 죄인임에 틀림없다"라고 수군거리며 주님의 제자들을 정죄(定罪)했습니다. 예수님께서는 그들의 속마음을 아시고 단도직입적으로 말씀을 하셨습니다: "사람이 더러운 손으로 음식을 집어 먹는다고 더러워지는 것이 아니다. 너희는 근본 마음속에 온갖 더러운 죄들이 가득 들어 있는데 그 죄들이 밖으로 흘러나와서 너희를 더럽게 하는 것이다."

마가복음 7장 20절에, "**사람에게서 나오는 그것이 사람을 더럽게 하느니라**"라고 주님께서 말씀하셨는데, 여러분은 사람입니까, 아닙니까? 저도 여러분도 모두 사람이기에, 이 말씀은 우리에게 하시는 말씀입니다. 그러므로 우리는 "사람에게서"라는 말 대신에 "**나**"를 넣어서 "**나에게서 나오는 그것이 나를 더럽게 하느니라**"라고 이 말씀을 읽어야 합니다. 나에게서 나오는 것은 근본 죄밖에 없습니다. 나를 포함한 모든 사람은 근본 어떤 자입니까? 사람은 이기적일 뿐만 아니라 고집이 세며 정욕적입니다. 그래서 성경에서는 사람을 나귀에 비유하곤 합니다. 나귀가 얼마나 고집이 세며 정욕적입니까? 나귀는 한번 정욕이 발동하면 그 나귀의 정욕을 제어할 길이 없습니다.

　예수님께서 말씀하신 우리 마음의 죄들을 하나하나 짚어가며 자기에게 적용해 보십시오. 사람의 마음에 즉 나의 마음에 장착되어 있는 첫 번째 죄는 **음란**의 죄입니다. 우리 마음속은 음란이라는 죄가 버글버글합니다. 저에게도 음란이라는 죄가 제 마음속에 장착(裝着)되어 있습니다. 제 나이가 그렇게 많은데도 음란한 마음이 있냐고요? 인간의 근본 속성은 변하지 않습니다.

　둘째로는 도적질이라는 죄입니다. 우리나라 전직 대통령이 국정원의 특수활동비를 자기 것처럼 가져다 썼습니다. 그것은 도둑질입니다. 그러면 그분만 그렇게 도둑질하는 마음을 가지고 있는 것일까요? 누구든지 그런 높은 자리에 올라앉으면 얼마든지 그렇게 도둑질을 하게 되어 있습니다. 셋째로 살인의 죄입니다. 누가 나를 너무 괴롭히거나 나에게 큰 손해를 입혔다면 그 사람을 째려보며 죽이고 싶은 마음이 올라옵니다. 그렇다면 우리는 이미 눈과 마음으로 그 사람을 살인한 죄를 범한 것입니다.

간음의 죄는 또 어떻습니까? 저와 여러분은 간음하는 자가 아닙니까? 저는 간음하는 자입니다. 저는 운전하다가도 늘씬하고 예쁜 여인이 지나가면 눈이 전자동으로 휙 돌아갑니다. 예수님께서는 **"또 간음치 말라 하였다는 것을 너희가 들었으나 나는 너희에게 이르노니 여자를 보고 음욕을 품는 자마다 마음에 이미 간음하였느니라"**(마 5:27-28)고 말씀하셨습니다. 그 외에도 여러가지 죄악들, 즉 탐욕과 악독과 속임과 음탕과 흘기는 눈과, 훼방과 교만과 광패(狂悖)라는 여러가지 죄들이 저와 여러분들의 마음에는 근본적으로, 즉 태어날 때부터 장착(裝着)되어 있습니다. 그리고 그런 죄악의 본성은 죽을 때까지 변하지 않습니다. 그래서 우리가 어떤 환경을 만나거나 자극을 받게 되면 이런 죄들이 말과 생각과 행동으로 표출되어서 "허물"(trespasses)의 죄를 짓게 되는 것입니다. 이것이 저와 여러분의 실존(實存)이며 실상(實狀)입니다. 우리 모두는 이와 같이 근본 죄 덩어리로 태어나서 평생에 죄를 지을 수밖에 없는 자들입니다. 사람마다 처한 환경이 달라서 어떤 이는 조금 더 쏟아내고 어떤 이는 조금 덜 흘릴 뿐, 모든 사람은 죄 가운데 태어나서 평생 동안 죄만 짓다가 그 죄에 대한 심판을 받고 지옥에 떨어져야 할 비참한 존재들입니다.

죄로 심히 죄 되게 하려고 주신 율법

"그러나 죄가 기회를 타서 계명으로 말미암아 내 속에서 각양 탐심을 이루었나니 이는 법이 없으면 죄가 죽은 것임이니라 전에 법을 깨닫지 못할 때에는 내가 살았더니 계명이 이르매 죄는 살아나고 나는 죽었도다 생명에 이르게 할 그 계명이 내게 대하여 도리어 사망에 이르게 하는 것이 되었도다 죄가 기회를 타서 계명으로 말미암아 나를 속이고 그것으로 나를 죽였는지라 이로 보건대 율법도 거룩하며 계명도 거룩하며 의로우며 선하도다 그런즉 선한 것이 내게 사망이 되었느뇨 그럴 수 없느니라 오직 죄가 죄로 드러나기 위하여 선한 그것으로 말미암아 나를 죽게 만들었으니 이는 계명으로 말미암아 죄로 심히 죄 되게 하려 함이니라"(롬 7:8-13).

이렇게 연약하고 부패한 존재인 우리들에게 하나님께서는 율법을 주셨습니다. 율법은 계명과 제사법으로 나누어지는데, 계명(誡命)이란 **"사람이 마땅히 지켜야할 도리(道理)"**라는 뜻입니다. 성경에는 하나님께서 우리에게 지킬 도리로 주신 613개 조항의 계명들이 있습니다. 굉장히 많죠? 그런데 그 모든 계명들의 골간(骨幹)을 이루는 것들이 바로 여러분도 잘 아시는 십계명(十誡命)입니다. 십계명의 계명들을 하나씩 살펴보십시오. 그 계명들은 참으로 선한 것이며 우리가 마땅히 지켜야 할 선(善)의 기준입니다.

십계명(十誡命)을 다시 한번 축약하면 가장 큰 두 계명이 됩니다. 예수님께서는 **"네 마음을 다하고 목숨을 다하고 뜻을 다하여 주 너의 하나님을 사랑하라 하셨으니 이것이 크고 첫째 되는 계명이요 둘째는 그와 같으니 네 이웃을 네 몸과 같이 사랑하라"**(마 22:37-39)고 말씀하셨습니다. 그런데 문제는 과연 우리가 하나님의 계명들을 지킬 수 있느냐는 것입니다. 과연 우리가 다른 이들을 나보다 더 사랑할 수 있는 자들입니까? 정직한 사람은 자기가 결코 그럴 수 없는 자이며 자기는 실로 이기적인 존재라는 사실을 시인합니다. 그러니 우리는 하나님의 계명을 결코 지킬 수 없는 자들입니다.

그렇다면 하나님께서는 우리가 결코 지킬 수 없는 계명들, 즉 율법을 왜 우리에게 주셨습니까?

"그런즉 선한 것이 내게 사망이 되었느뇨 그럴 수 없느니라 오직 죄가 죄로 드러나기 위하여 선한 그것으로 말미암아 나를 죽게 만들었으니 이는 계명으로 말미암아 죄로 심히 죄 되게 하려 함이니라"(롬 7:13)고 말씀하셨습니다. 우리 스스로가 하나님의 선(善)의 절대적 기준인 계명 앞에 서 보면, "아이구! 나는 참으로 죄인이구나" 하고 깨닫게 하기 위해서 하나님께서는 우리에게 율법을 주셨습니다. 계명은 "~하라" 또는 "~하지 말라"라는 하나님의 명령입니다. 그런데 우리는 청개구리와 같은 심보를 가진 자들입니다. "~하지 말라"라고 명하면 그때부터 그것을 하고 싶은 충동이 더욱더 일어나는 자들입니다.

예를 들어서 설명해 드리겠습니다. 어느 외딴 섬의 초등학교 분교(分校)에 여선생님이 딱 한 분 계셨는데, 교실도 하나요 1학년부터 6학년까지 다해 봐야 학생도 네 명뿐이었습니다. 그 선생님은 교실 한구석에 커튼을 쳐서 가려놓고 거기서 사무도 보고 점심도 드시고 옷도 갈아입곤 했습니다. 그리고 선생님은 아이들에게 절대로 그 커튼 안은 들여다보지 말라고 단단히 주의를 주었습니다. 학생들은 선생님께서 그런 말씀을 하시기 전까지는 그 커튼 안을 들여다보고 싶은 생각이 별로 없었습니다. 그런데 선생님이 정색을 하며 "너희들은 이 안을 절대로 들여다보지 말라"라고 주의를 주신 이후로는 아이들의 마음에 그 안을 들여다보고 싶은 충동이 굴뚝같이 일어났습니다. 그래서 학생들은 선생님이 뭍에 가셔서 계시지 않던 날에 다 함께 작당을 해서 커튼을 헤집고 그 속을 들여다보고야 말았습니다.

"그런즉 우리가 무슨 말 하리요 율법이 죄냐 그럴 수 없느니라 율법으로 말미암지 않고는 내가 죄를 알지 못하였으니 곧 율법이 탐내지 말라 하지 아니하였더면 내가 탐심을 알지 못하였으리라 그러나 죄가 기회를 타서 계명으로 말미암아 내 속에서 각양 탐심을 이루었나니 이는 법이 없으면 죄가 죽은 것임이니라"(롬 7:7-8).

이와 같이 **"탐내지 말라"**라는 계명으로 말미암아 우리 안에 내재되어 있는 "탐욕"이라는 죄가 더욱더 불일 듯 일어나서 각양 탐심의 죄를 범하게 됩니다. "하지 말라"라는 말을 듣기 전에는 별로 충동이 일어나지 않았었는데, 하지 말라고 하면 더 하고 싶은 충동이 일어나는 것은 우리 인간의 죄악성 때문입니다. 이처럼 하나님께서 우리에게 율법을 주신 것은 우리 마음속의 죄가 더욱더 드러나서 **"죄로 심히 죄 되게 하려"**(롬 7:13) 하신 것입니다. 즉 **"율법으로는 죄를 깨달음이니라"**(롬 3:20)고 하신 말씀대로 하나님께서는 우리가 얼마나 끔직한 죄 덩어리인지를 스스로 깊이 깨닫게 하기 위해서 율법을 주셨습니다.

계명과 함께 주신 제사법

"~하라 혹은 ~하지 말라"라는 계명만 주셨다면 우리는 구제불능의 비참한 죄인인 것만 깨닫고 하나님의 심판을 더욱더 두려워할 수밖에 없었을 텐데, 감사하게도 하나님은 율법 안에 속죄(贖罪)의 제사법(祭祀法)도 주셨습니다. 우리가 율법 앞에서 심히 죄인인 줄 깨달으면 속죄의 제사를 드려서 죄 사함을 받도록 하나님께서 은혜를 베푸신 것입니다.

율법의 골자인 십계명(十誡命)은 출애굽기 20장에 자세히 기록되어 있습니다. 그런데 하나님께서는 십계명의 말씀을 주신 후에 바로 **"내게 토단을 쌓고 그 위에 너의 양과 소로 너의 번제와 화목제를 드리라"**(출 20:24) 하고 제사법도 주셨습니다. "병 주고 약 준다"라는 말처럼, 하나님께서는 우리의 죄의 병이 심하게 드러나게 하신 후에 그 죄의 병을 말끔히 치료받을 수 있도록 죄 사함의 길을 열어 주셨습니다. 하나님께서는 우리에게 계명의 율법을 주셔서 우리가 심히 죄인 되게 하신 후에 그 모든 죄를 씻어 주는 대속(代贖)의 제사법을 주셨습니다.

"여호와께서 모세에게 이르시되 너는 이스라엘 자손에게 이같이 이르라 내가 하늘에서부터 너희에게 말하는 것을 너희가 친히 보았으니 너희는 나를 비겨서 은으로 신상이나 금으로 신상을 너희를 위하여 만들지 말고 내게 토단을 쌓고 그 위에 너의 양과 소로 너의 번제와 화목제를 드리라 내가 무릇 내 이름을 기념하게 하는 곳에서 네게 강림하여 복을 주리라 네가 내게 돌로 단을 쌓거든 다듬은 돌로 쌓지 말라 네가 정으로 그것을 쪼면 부정하게 함이니라 너는 층계로 내 단에 오르지 말라 네 하체가 그 위에서 드러날까 함이니라"(출 20:22-26).

이와 같이 율법(律法) 안에는 계명(誡命)과 제사법(祭祀法)도 있습니다. 따라서 넓은 의미로는 제사법도 율법에 속합니다. 계명은 하나님께서 "~하라" 또는 "~하지 말라"(do's and don'ts)는 형식으로 세워 주신 의(義)의 절대적 기준(基準)입니다. 하나님께서는 율법의 절대적인 기준 앞에서 죄를 깨달은 자가 제사법의 규례로 죄의 사함을 받도록 긍휼을 베풀어 주셨습니다. 우리는 율법의 계명 앞에서 심히 죄인일 수밖에 없었는데, 하나님께서 우리와 같은 죄인들을 어떻게 구원하셨는가를 계시하는 말씀이 바로 제사법의 규례입니다.

대속(代贖)의 제사법

또한 하나님께서는 모세에게 성막(聖幕)의 제도를 보여 주시고 그대로 성막을 만들도록 명령하셨습니다. 모세는 하나님께서 보여 주신 식양(式樣)대로 성막을 만들어 세웠고 그 성막에서 모든 제사를 드렸습니다. 그리고 성막에서 드리는 제사의 중심은 대속(代贖)의 속죄제사였습니다. 만일 이스라엘 백성 중의 하나가 율법의 계명을 어겨서 죄를 범하였다면, 그는 그 죄의 사함을 받기 위해서 흠 없는 암염소를 성막(聖幕)으로 끌고 와서 속죄의 제사를 드려야 했습니다.

"만일 평민의 하나가 여호와의 금령 중 하나라도 부지중에 범하여 허물이 있었다가 그 범한 죄에 깨우침을 받거든 그는 흠 없는 암염소를 끌고 와서 그 범한 죄를 인하여 그것을 예물로 삼아 그 속죄제 희생의 머리에 안수하고 그 희생을 번제소에서 잡을 것이요 제사장은 손가락으로 그 피를 찍어 번제단 뿔에 바르고 그 피 전부를 단 밑에 쏟고 그 모든 기름을 화목제 희생의 기름을 취한 것같이 취하여 단 위에 불살라 여호와께 향기롭게 할지니 제사장이 그를 위하여 속죄한즉 그가 사함을 얻으리라"(레 4:27-31).

간음이 죄입니까, 아닙니까? 죄입니다. 하나님의 선한 기준인 율법을 어긴 것은 죄입니다. 어떤 평민이 여호와의 금령(禁令) 중의 하나인 **"간음하지 말라"**라는 계명을 어겼습니다. 그 사람은 정욕이 충동적으로 일어나서 순식간에 간음의 죄를 범하고서 뒤늦게

"아이쿠, 내가 죄를 지었구나" 하고 깨달았습니다. 이와 같이 평민의 하나가 율법을 어겨서 죄를 지었다가 그 죄를 깨닫게 되거든 흠 없는 암염소를 성막으로 끌고 와서 제사장 앞에서 제사를 드려야 했습니다.

"그는 흠 없는 암염소를 끌고 와서 그 범한 죄를 인하여 그것을 예물로 삼아 그 속죄제 희생의 머리에 안수하고 그 희생을 번제소에서 잡을 것이요."

하나님께서 명하신 규례대로 속죄제사를 드리려면, 첫째로 흠 없는 제물이 있어야 합니다. 둘째로 죄인은 그 제물의 머리에 반드시 안수해서 자기의 죄를 희생의 제물에게 넘겨야 합니다. 여기에서 주목할 부분은 "안수"의 규례입니다. 죄인이 제물의 머리에 안수(按手)하면 죄인의 죄가 제물에게 넘어가도록 하나님께서 법을 정하셨습니다. 이러한 대속(代贖)의 속죄제사가 바로 하나님께서 우리를 죄에서 구원해 주시기 위해서 세워 주신 자비한 규례입니다. "죄의 삯은 사망"(롬 6:23)인데, 하나님께서는 죄를 지은 우리를 대신해서 죽을 흠 없는 암염소를 끌고 와서 그 머리에 안수함으로써 그 제물이 우리의 죄를 대신 짊어지고 우리를 대신해서 피흘려 죽음으로써 우리는 값없이 구원을 받게 하셨습니다. 이것이 바로 대속(代贖)의 제사법입니다.

대속죄일(大贖罪日)의 제사

그런데 구약시대의 이스라엘 평민이 죄를 지을 때마다 매번 속죄제사를 드릴 수 있겠습니까? 못 드립니다. 간혹 너무나 괴로운 죄를 지으면 어쩔 수 없이 제사를 드리겠지만 웬만한 것은 그냥 넘어갔습니다. 그래서 이스라엘 백성들의 마음에는 날마다 죄가 쌓여갈 수밖에 없었습니다. 하나님께서는 그들의 처지를 잘 아시기에 일 년에 한 차례씩 매년 제7월 제10일(in the seventh month, on the tenth day of the month)에 대속죄일(大贖罪日)의 제사를 드리도록 규례를 세워 주셨습니다.

이스라엘 백성에게는 일곱 번째 달에 많은 절기들이 있습니다. 그 첫째 날은 나팔절입니다. 제사장이 나팔을 크게 불면 이스라엘 백성이 다 모여서 광야에 초막을 지었습니다. 그리고 이스라엘 백성들은 일주일간 그 초막에 거하면서 하나님께서 그들을 애굽에서 광야로 끌어내서 구원하셨던 역사적 사실을 기념했습니다. 그 기간이 초막절(草幕節)입니다. 그리고 연이어 대속죄일의 제사를 드렸습니다. 이스라엘 백성들은 한 해의 농사를 마무리하는 가을걷이를 다 끝내놓고 제7월(in the seventh month)에 나팔절, 초막절, 그리고 대속죄일의 절기들을 연달아 지냈습니다. 그래서 이스라엘 달력으로 일곱 번째 달은 절기(節期)의 달이라고 불렸습니다.

그 절기의 달에 대속죄일(大贖罪日)도 있었습니다. 평일에는 일반 제사장들이 속죄제사를 집전했지만, 제7월 제10일, 즉 대속죄일(大贖罪日)에는 일반 제사장들은 전부 성막에서 나가야 했습니다. 그리고 대제사장이 홀로 이스라엘 백성 전체를 위해서 제사를 드렸습니다. 대제사장도 사람이니까 날마다 죄를 지었습니다. 그래서 대제사장은 먼저 자기와 자기 식구들을 위해서 수송아지 한 마리로 속죄의 제사를 드렸습니다. 그는 흠 없는 수송아지의 머리에 안수해서 자기와 자기의 권속들의 죄를 그 수송아지에게 넘긴 후에 그 제물을 잡아서 그 피를 가지고 지성소로 들어가서 그 피를 언약궤 위에 일곱 번 뿌렸습니다. 그리고 대제사장은 그 피를 성소

앞의 번제단 뿔에 바르고 단 위에도 뿌려서 죄 사함을 받았습니다.
 그렇게 대제사장은 먼저 자기와 자기 권속의 죄를 사함 받는 속죄의 제사를 드린 후에 백성들의 속죄를 위해서 흠 없는 염소 두 마리로 속죄의 제사를 드렸습니다. 두 마리 중에 먼저 제비 뽑힌 염소는 성막 뜰에서 안수하고 잡아서 그 피로 수송아지로 드린 제사와 같은 절차로 제사를 드렸습니다.
 대제사장 아론은 이제 남은 염소, 즉 아사셀("내어놓음"이라는 뜻) 염소를 끌고서 성막 뜰문을 열어젖히며 성막 밖으로 나왔습니다. 그리고 백성들이 보는 앞에서 그 염소의 머리에 안수한 채로 이스라엘 백성이 지난 일 년 동안 지은 죄를 고했습니다. 그러면 이스라엘 백성 전체가 지난 일 년 동안 지은 모든 죄가 단번에 아사셀 염소에게로 넘어갔습니다.
 "그 지성소와 회막과 단을 위하여 속죄하기를 마친 후에 산 염소를 드리되 아론은 두 손으로 산 염소의 머리에 안수하여 이스라엘 자손의 모든 불의와 그 범한 모든 죄를 고하고 그 죄를 염소의 머리에 두어 미리 정한 사람에게 맡겨 광야로 보낼지니 염소가 그들의 모든 불의를 지고 무인지경에 이르거든 그는 그 염소를 광야에 놓을지니라"(레 16:20-22).
 이 말씀에 구원의 비밀이 계시되어 있습니다. 안수(按手)를 통해서 흠 없는 제물에게 죄를 넘기도록 하나님께서 구원의 법을 정하셨습니다. 대제사장은 이스라엘 백성의 대표자입니다. 모세의 형인 아론은 첫 번째 대제사장이 되어서 아사셀 염소의 머리에 안수하고 이스라엘 백성의 모든 죄를 고했습니다. "하나님이여 이 백성이 지난 일 년 동안 하나님의 이름을 욕되게 하였으며, 우상을 섬겼으며, 안식일을 어겼으며, 간음했으며, 도적질했으며, 부모를 거역했으며, 탐욕으로 이웃의 것을 빼앗았으며……" 하고 백성들의 죄를 고하고서 두 손을 떼면, 이스라엘 백성이 지난 일 년 동안 지은 모든 죄가 **"염소의 머리에 두어"**졌습니다. 아론이 아사셀 염소의 머리에 안수했다가 손을 딱 떼는 순간에 이스라엘 백성의 1년 치 죄는 모두 그 희생제물에게 넘어간 것입니다. 그러면 그 염소는 미리 정한 사람에게 끌려가서 광야의 깊은 사막에 버려졌고 그 염소는 풀 한 포기 없는 광야를 헤매다가 거기서 죽었습니다. 이와 같이 이스라엘 백성의 1년 치 죗값을 그 염소가 대신 치름으로써 이스라엘 백성이 죄 사함을 받았습니다.

"우리의 죄를 따라 처치하지 아니하시며 우리의 죄악을 따라 갚지 아니하셨으니 이는 하늘이 땅에서 높음 같이 그를 경외하는 자에게 그 인자하심이 크심이로다 동이 서에서 먼 것같이 우리 죄과를 우리에게서 멀리 옮기셨으며 아비가 자식을 불쌍히 여김 같이 여호와께서 자기를 경외하는 자를 불쌍히 여기시나니 이는 저가 우리의 체질을 아시며 우리가 진토임을 기억하심이로다"(시 103:10-14).

우리는 죄를 지을 수밖에 없는 연약하고 더러운 자들입니다. 하나님은 우리를 지으신 분이기에 우리의 체질을 잘 아십니다. 흙으로 만들어진 우리의 본성(本性)은 먼지 진(塵) 자, 흙 토(土) 자, 즉 진토(塵土)에 불과합니다. 우리는 흙먼지처럼 연약하고 더러운 존재들입니다. 우리가 "나는 절대로 죄를 짓지 않을 거야!" 하고 각오한다고 진정 죄를 짓지 않습니까? 우리는 부패하고 가증하며 거짓된 마음을 가지고 태어났기 때문에 저와 여러분은 아무리 각오를 해도 또 다시 죄를 지을 수밖에 없는 자들입니다. 우리가 그토록 연약한 체질임을 아시고 하나님께서는 일방적으로 우리를 모든 죄에서 구원하셨습니다. 하나님께서 어떻게 우리를 죄에서 구원하셨습니까? 우리 죄과(罪過)를 대속의 제물에게 안수의 방법으로 넘겨서 **"동이 서에서 먼 것같이"** 우리로부터 멀리멀리 분리시켜서 없애 주셨습니다. 이것이 하나님의 구원의 경륜입니다.

예수님께서 드리신 영원한 속죄의 제사

 "율법은 장차 오는 좋은 일의 그림자요 참 형상이 아니므로 해마다 늘 드리는 바 같은 제사로는 나아오는 자들을 언제든지 온전케 할 수 없느니라"(히 10:1).
 이러한 구약의 제사들은 장차 예수님께서 이 땅에 오셔서 당신의 몸을 제물로 삼아 드려 주실 **"한 영원한 제사"**(히 10:12)의 그림자(예고편)였습니다. 히브리서는 흠 없는 양이나 염소로 드렸던 율법에 속한 제사와 인류의 어린양으로 오신 예수 그리스도께서 자신을 제물로 삼아 드려 주신 영원한 속죄의 제사를 비교해서 설명해 줍니다.
 제사법도 넓은 의미의 율법에 속한다고 말씀을 드렸습니다. **"율법은 장차 오는 좋은 일의 그림자요"**라는 말씀에서의 **"율법"**은 대속죄일(大贖罪日)의 제사를 의미합니다. 매년 한 번씩 드렸던 대속죄일의 제사는 **"장차 오는 좋은 일"**의 예고편이었습니다. 이스라엘 백성들은 해마다 "제7월 제10일"이면 예외없이 성막(聖幕)에 모여서 지난 일 년 동안 지은 모든 죄를 사함 받았습니다. 그러나 그러한 대속죄일의 제사로 그들은 순간적인 위로를 받았을 뿐이었고, 율법에 속한 제사는 제사드리러 **"나아오는 자들을 언제든지 온전케 할 수"**는 없었습니다. 그들은 대속죄일의 제사를 드리고 홀가분

한 마음으로 돌아가는 길에 다시 죄를 지었습니다. 어떤 사람은 제사를 드리고 돌아가는 길에 자기 돈을 떼어먹고 도망간 놈을 만나서 그놈의 멱살을 잡고 주먹으로 얼굴을 때렸습니다. 어떤 사람은 집으로 돌아가는 길에 헤어졌던 옛 애인을 만나서 음란한 짓을 했습니다. 그러니 모든 백성들이 집으로 돌아가는 노중에서 벌써 다시 죄인으로 전락(轉落)하고 말았습니다. 그래서 이스라엘 백성들은 해마다 같은 제사, 즉 대속죄일의 제사를 드리면서 장차 하나님께서 당신의 아들을 보내 주셔서 그 아들이 친히 드려 주실 **영원한 속죄의 제사**를 고대했던 것입니다.

"그러므로 세상에 임하실 때에 가라사대 하나님이 제사와 예물을 원치 아니하시고 오직 나를 위하여 한 몸을 예비하셨도다"(히 10:5).

하나님의 때가 차매, 전 인류의 모든 죄를 단번에 없애 주시려고 하나님의 아들이신 예수님의 몸을 처녀 마리아의 태중에 예비하셨습니다. 예수님은 본래 성자(聖子) 하나님, 즉 하나님 아버지의 외아들이신 하나님입니다. 그리고 하나님은 영(靈)이십니다. 하나님은 육신에 거하시는 분이 아니라 눈에 보이지 않는 영이십니다. 영원 전부터 하나님 아버지와 함께 계셨던 성자 하나님께서 우리 모든 인류의 죄를 단번에 영원토록 없애 주기 위해서, 예비되었던 **"한 몸"**을 입고 이 땅에 오셨습니다. 근본 영(靈)이신 성자 하나님께서 처녀 마리아의 몸에서 육신을 취해서 이 땅에 태어나셨습니다. 예수님은 남자를 알지 못하는 처녀 마리아의 태에 성령으로 잉태되어서 몸을 입고 태어났기 때문에 예수님은 우리와 근본적으로 씨가 다릅니다. 우리는 모두 범죄한 아담으로부터 쏟아져 나왔기 때문에 죄의 본성을 가지고 태어났지만, 예수님은 아담(남자)의 후손이 아니라 **여자의 후손입니다.** 인류 역사의 시초에 하나님께서는 인류를 타락시킨 사단 마귀에게, **"내가 너로 여자와 원수가 되게 하고 너의 후손도 여자의 후손과 원수가 되게 하리니 여자의 후손은 네 머리를 상하게 할 것이요 너는 그의 발꿈치를 상하게 할 것이니라"**(창 3:15)고 선포하셨습니다. 이 약속의 말씀대로 오신 **"여자의 후손"**이 바로 예수 그리스도입니다.

그러면 성자(聖子) 하나님께서 왜 우리와 같은 육신을 입고 오셨을까요? 이는 아사셀 염소가 아론의 안수를 통해서 이스라엘 백성의 1년 치 죄를 단번에 넘겨받았듯이, 성자 하나님께서 인류의 대표자인 세례 요한에게 안수의 형식으로 세례를 받으심으로 전 인류의 죄를 단번에 넘겨받고 대속의 피를 흘리셔서 영원한 속죄의 제사를 드려 주시려고 친히 육체를 입고 오신 것입니다.

세례 요한(John the Baptist)은 누구입니까? 그는 대제사장 아론의 직계 후손입니다. **"유대 왕 헤롯 때에 아비야 반열에 제사장 하나가 있으니 이름은 사가랴요 그 아내는 아론의 자손이니 이름은 엘리사벳이라 이 두 사람이 하나님 앞에 의인이니 주의 모든 계명과 규례대로 흠이 없이 행하더라"**(눅 1:5-6). 세례 요한의 아버지 사가랴(Zacharias)는 아비야(Abia) 반열(班列)의 제사장이었습니다. 아비야는 첫 번째 대제사장 아론의 손자입니다. 아론에게 네 명의 아들이 있었는데 나답과 아비후는 다른 불로 제사를 드리다가 먼저 죽고 엘르아살과 이다말이 제사장의 직분을 행했습니다. 아론은 엘르아살과 이다말에게서 24명의 손자를 보았는데, 다윗 왕의 시대에 이르러 제사장의 수가 많아지자 아론의 손자들의 계보를 따라 제사장들을 24개 반으로 나누었습니다. 그리고 제비를 뽑아 각 반이 순서대로 보름씩 성막에서 제사장의 직분을 행하게 되었습니다. 그렇게 해서 여덟 번째로 제비 뽑힌 반이 아비야 반열(班列)입니다. 말하자면 세례 요한은 아론의 손자인 아비야의 후손, 즉 대제사장 아론의 직계 후손이라는 말이고 세례 요한의 어머니인 엘리사벳도 아론의 후손이었습니다.

또한 예수님께서는 세례 요한을 가리켜서 **"여자가 낳은 자 중에 세례 요한보다 큰이가 일어남이 없도다"**(마 11:11)라고 증거하셨습니다. 이 말씀은 세례 요한이 인류의 대표자라는 뜻입니다. 이스라엘 백성들의 대표인 아론은 희생 제물의 머리에 안수(按手)함으로써 이스라엘 백성의 일 년 치 죄를 단번에 넘기는 대속죄일의 제사를 드렸습니다. 그런데 아론의 후손인 세례 요한은 전 인류의 대표자가 되어서 인류 전체를 구원하려고 오신 예수 그리스도의 머리에 안수(按手)의 형식으로 세례를 베풀었습니다. **"그 세례"**(the Baptism, 행 10:37)로 인류의 모든 죄와 허물이 단번에 예수님께로 넘어갔다고 성경은 선포합니다.

4복음서가 다 예수님의 세례에 대해서 기록하고 있는데, 그중에서도 예수님께서 세례를 받으신 장면을 가장 자세하게 기록하고 있는 복음서는 마태복음입니다.

"이 때에 예수께서 갈릴리로서 요단 강에 이르러 요한에게 세례를 받으려 하신대 요한이 말려 가로되 내가 당신에게 세례를 받아야 할 터인데 당신이 내게로 오시나이까 예수께서 대답하여 가라사대 이제 허락하라 우리가 이와 같이 하여 모든 의를 이루는 것이 합당하니라 하신대 이에 요한이 허락하는지라 예수께서 세례를 받으시고 곧 물에서 올라오실새 하늘이 열리고 하나님의 성령이 비둘기같이 내려 자기 위에 임하심을 보시더니 하늘로서 소리가 있어 말씀하시되 이는 내 사랑하는 아들이요 내 기뻐하는 자라

하시니라"(마 3:13-17).

합법적이 속죄제사는 세 가지 조건이 충족되어야 했습니다. 첫째 흠 없는 속죄제물, 둘째 안수, 그리고 셋째 희생제물의 피 흘림(죽음)입니다. "이는 성경대로 그리스도께서 우리 죄를 위하여 죽으시고 장사 지낸바 되었다가 성경대로 사흘만에 다시 살아나사"(고전 15:3-4)라고 기록된 대로 성경에 정해진 공의(公義)한 법대로 **"한 영원한 제사"**(히 10:12)를 드려 주신 분이 예수님입니다.

첫째로 예수님은 흠 없는 제물입니다. 거룩하신 예수님께서는 인류의 죄를 단번에 짊어지러 오신 하나님의 어린양입니다. 예수님은 처녀 마리아의 몸에서 육신을 취해서 우리와 같은 형상을 입고 오신 성자(聖子) 하나님이기에 예수님은 죄가 전혀 없는 거룩한 분입니다. 예수님은 전 인류의 죄를 담당하기에 흠결(欠缺)이 전혀 없는 **"하나님의 어린양"**(요 1:29)입니다.

제사장은 서른 살에 기름부음을 받습니다. 예수님께서는 갈릴리 나사렛에서 조용히 목수의 일을 하시다가, 서른 살이 되시매 하나님 아버지의 뜻을 이루어 드리는 공적(公的) 사역을 시작하셨습니다. 예수님은 이제 하늘의 대제사장의 직분을 수행하시려고 먼저 세례 요한에게 나아갔습니다. 말라기서에 기록된 대로 세례 요한은 하나님께서 보내 주시기로 약속하신 하나님의 종이며 주님의 앞에 가서 주의 길을 예비하러 **"오리라 한 엘리야"**(마 11:4, 말 3:1, 4:5)입니다.

세례 요한이 엘리야의 심령으로 이스라엘 백성들에게 회개를 촉구하면서 진심으로 돌이킨 자들에게 요단강에서 회개의 세례를 베풀고 있을 때에 예수님께서 세례를 받으시려고 요한에게 다가가셨습니다. 세례 요한은 하나님께로부터 보내심을 받은 자(요 1:6)

였기에, 그는 자기에게 다가오시는 분이 육신을 입고 오신 성자(聖子) 하나님인 것을 곧 알아보았습니다. 세례 요한은 순간 당황했습니다. 그래서 세례 요한은 예수님에게 **"내가 당신에게 세례를 받아야 할 터인데 당신이 내게로 오시나이까"**(마 3:14) 하고 머뭇거렸습니다. 이에 예수님께서는 준엄(峻嚴)하게 명령하셨습니다. **"이제 허락하라 우리가 이와 같이 하여 모든 의를 이루는 것이 합당하니라"**(마 3:15).

"우리가 이와 같이 하여"라는 말씀은 **"내게 안수의 형식으로 세례를 베풀어라"**라는 뜻입니다. 구약의 속죄제사에서는 안수(按手)란 "죄를 제물에게 넘기는 하나님의 법"입니다. 세례(洗禮)는 세례 주는 이가 세례 받는 이의 머리에 안수한 상태로 물에 잠갔다가 일으키는 예식입니다. 그래서 세례를 침수례(浸水禮, baptism by immersion)라고도 부릅니다. **"이제 허락하라 우리가 이와 같이 하여 모든 의를 이루는 것이 합당하니라"**(마 3:15). 이 성경 구절을 진정 하나님을 경외하는 마음으로 살펴보십시오. **"모든 의가 이루어"**지려면, 세례 요한이라는 인류의 대표자의 안수로 이 세상의 모든 죄가 어린양으로 오신 예수님에게 다 넘어가야만 합니다.

예수님께서 세례 요한에게 **"이와 같이"** 즉 안수의 형식으로 세례를 받으시는 순간, 이 세상의 모든 죄는 예수님께로 단번에 넘어갔습니다. 이 역사는 대표(代表) 원리(原理)에 입각한 것입니다. 이것은 마치 이스라엘의 대표자인 아론이 아사셀 염소의 머리에 안수했더니, 수백만 명의 이스라엘 백성들이 지난 일 년 동안 지었던 모든 죄가 단번에 그 아사셀 염소에게 넘어간 역사와 일맥상통합니다. 성경은 대속죄일의 제사가 **"장차 오는 좋은 일의 그림자(예고편)"**(히 10:1)라고 증거합니다.

안수(按手)와 침수(浸水)의 방식으로 받으신 예수님의 세례에는 예수님의 구원 사역 전체가 함축(含蓄)되어 있습니다. 첫째, 아론의 후손이자 인류의 대표자인 세례 요한의 안수로 우리 인류의 모든 죄와 허물이 흠 없는 제물로 오신 예수님에게 단번에 넘어갔기에 이 세상에는 **"모든 의"**(all righteousness)가 이루어졌습니다. 그리고 모든 죄를 담당하신 예수님께서 물에 잠기신 것은 예수님께서 우리의 죗값을 치르시기 위해 십자가에서 돌아가실 것을 의미하고, 물에서 다시 올라오신 것은 주님께서 죽음의 권세를 이기고 부활하실 것을 의미합니다. 이와 같이 예수님께서 받으신 세례에는 주님의 구원 사역이 온전히 함축되어 있습니다. 그러나 예수님께서 받으신 세례에 있어서 가장 중요한 사실은 예수님께서 인류의 대표자인 세례 요한에게 안수의 형식으로 세례를 받으셨을 때에 인류의 모든 죄가 예수님께 온전히 넘어갔다는 진리입니다.

여러분은 이제 예수님께서 받으신 세례의 의미와 능력을 믿습니까? (예). 이 진리를 믿는 사람은 죄 사함을 받을 수 있습니다. 반대로 누구든지 예수님께서 받으신 세례의 진리를 어린아이처럼 순수하고 천진하게 믿지 아니하면 결코 천국에 들어갈 수 없습니다. 그런데 많은 이들이 자기의 잘못된 지식과 고집으로 이 진리의 말씀을 믿지 않습니다. 그런 이들은 **"다만 네 고집과 회개치 아니한 마음을 따라 진노의 날 곧 하나님의 의로우신 판단이 나타나는 그 날에 임할 진노를 네게 쌓는도다"**(롬 2:5)라고 경고하신 하나님의 말씀을 기억해야 합니다. 당신도 끝까지 고집을 부리고 이 진리의 말씀을 받아들이지 않으면 지옥에 보내시겠다는 주님의 경고입니다.

속죄제사의 비교

"제사장마다 매일 서서 섬기며 자주 같은 제사를 드리되 이 제사는 언제든지 죄를 없게 하지 못하거니와 오직 그리스도는 죄를 위하여 한 영원한 제사를 드리시고 하나님 우편에 앉으사 그 후에 자기 원수들로 자기 발등상이 되게 하실 때까지 기다리시나니 저가 한 제물로 거룩하게 된 자들을 영원히 온전케 하셨느니라"(히 10:11-14).

이 말씀은 성막에서 드렸던 속죄제사와 예수님의 영원한 제사, 즉 첫째 제사와 둘째 제사를 비교함으로써 우리가 하나님의 구원의 은총을 쉽게 이해하도록 합니다.

	개개인의 하루치 속죄제사	대속죄일의 속죄제사	예수님의 영원한 속죄제사
희생제물	흠 없는 염소(양)	수송아지와 숫염소	예수님 자신의 육체
죄를 넘기는 방법	죄인이 스스로 안수함	대제사장이 대표로 안수함	인류의 대표자인 세례 요한의 세례(안수)
죄 사함의 효력	개개인의 하루치 속죄	백성 전체의 일 년 치 속죄	전 인류의 영원한 속죄
제사의 주관자	제사장	대제사장	예수 그리스도 (하늘의 대제사장)
본질성	장차 올 좋은 일의 그림자(예고편)		실체 (좋은 일 자체)
하나님의 섭리	성막에서 드렸던 첫째 제사 (폐해짐)		변역(變易)한 둘째 것(참 것)
제사가 드려진 곳	땅의 성막		하늘 성소

위의 표는 하나님의 구원의 경륜을 일목요연하게 나타냅니다. 이 표는 평민 개개인의 하루치 제사, 대제사장이 주관해서 드렸고 이스라엘 민족 전체의 일 년 치 죄를 사함 받았던 대속죄일(大贖罪日)의 제사, 그리고 예수님께서 드려 주신 영원한 속죄의 제사로 구분되어 있습니다. 속죄제사마다 각각 희생제물이 다릅니다. 그리고 안수하는 이가 다릅니다. 그리고 각각의 제사의 효과도 다릅니다.

평민의 하루치 속죄제사에서는 죄인인 평민 자신이 **"흠 없는 암염소"**(레 4:28)의 머리에 안수를 해서 자신의 죄를 그 암염소에게 넘겼습니다. 대속죄일의 제사에서는 대제사장 아론이 이스라엘 백성 전체를 대표해서 아사셀 염소의 머리에 안수했는데, 그때에 백성 전체의 일 년 치 죄가 그 염소에게 단번에 넘어갔습니다. 그리고 인류의 대표자인 세례 요한이 **"하나님의 어린양"**(요 1:29)으로 오신 성자(聖子) 예수님의 머리에 안수의 형식으로 세례를 베풀었을 때에는 인류 전체의 모든 죄가 예수님께로 단번에 넘어갔습니다.

"인류 전체의 모든 죄"란 첫 사람 아담에서부터 세상 종말까지의 모든 인류가 지었고 앞으로도 지을 죄를 모두 아우르는 말입니다. 예수님께서 요단강 복판에 오셔서 인류의 대표자에게 안수를 받으신 그때에 아담에서부터 세상 종말까지의 인류의 모든 죄가 예수님께로 단번에 넘어갔습니다. 이 진리는 여호수아가 이스라엘 백성을 가나안 땅으로 인도할 때에, 하나님께서 요단의 강물을 단번에 말리신 사건을 통해서 계시된 역사입니다. 하나님의 말씀을 좇아서 언약궤를 멘 제사장들이 요단강 물을 발로 디딘 순간에 요단강 물은 저 멀리 아담 읍 변방에서부터 사해까지 단번에 말라

버렸습니다. 언약궤는 예수 그리스도를 계시합니다. 예수님께서 요단강에 오셔서 받으신 세례로 아담에서부터 시작하여 인류의 역사를 관통하며 철철 흘러넘치던 그 모든 죄의 강수가 모두 예수님께 다 흘러들어 갔습니다. "곧 위에서부터 흘러 내리던 물이 그쳐서 **심히 멀리 사르단에 가까운 아담 읍 변방에 일어나 쌓이고 아라바의 바다 염해로 향하여 흘러가는 물은 온전히 끊어지매**"(수 3:16)-어디에서부터 어디까지 죄의 강수가 그쳤다고요? 아담에서부터 세상 종말까지의 흘러내리던 전 인류의 죄가 예수님께로 단번에 넘어간 사건이 바로 예수님께서 받으신 세례입니다. "**그 세례**"(the Baptism, 행 10:37)로 말미암아 "**모든 의**"가 이루어졌습니다.

이와 같이 하여 예수님은 "**세상 죄를 지고 가는 하나님의 어린 양**"(요 1:29)이 되셨습니다. 세례로 세상 죄를 짊어지신 예수님께서는 어디로 가셨습니까? 안수로 죄를 담당한 제물은 반드시 피 흘려 죽어야 했듯이, 예수님은 담당하신 세상 죄를 대속하시려고 십자가로 가셨습니다. 예수님께서는 십자가에 못 박히셔서 여섯 시간 동안 피를 흘리시고 고난을 당하셨습니다. 그리고 예수님은 "**다 이루었다**"(요 19:30)라고 크게 외치신 후 숨을 거두셨습니다. 하나님의 아들이신 예수님께서 우리의 모든 죄를 없애 주시는 구원의 사역을 다 이루셨습니다.

자, 그러면 요단강에서 인류의 대표자인 세례 요한이 예수님께 안수를 베풀어서 "**세상 죄**"(요 1:29)를 단번에 다 넘겼을 때에, 여러분의 모든 죄도 거기 포함되어 있습니까, 아니면 포함되어 있지 않습니까? 우리의 모든 죄도 다 그 "**세상 죄**"에 포함되었습니다. 그러면 우리가 지금까지 지은 죄만 포함되어 있을까요? 아니면 앞으로 우리가 지을 죄도 이미 예수님께 넘어간 **"세상 죄"**에 포함되었을까요? 여러분, 우리는 내일도 죄를 짓겠습니까, 짓지 않겠습니까? 우리는 죽을 때까지 죄를 지을 수밖에 없는 존재들입니다. 우리가 죄를 전혀 짓지 않는 신령한 존재가 되었으면 좋겠는데 그것은 희망사항일 뿐입니다. 그래서 하나님께서는 우리가 앞으로 지을 죄까지도 예수님에게 다 넘기셔서 예수님의 피로 도말(塗抹)해 주셨습니다.

"물은 예수 그리스도의 부활하심으로 말미암아 이제 너희를 구원하는 표니 곧 세례라 육체의 더러운 것을 제하여 버림이 아니요 오직 선한 양심이 하나님을 향하여 찾아가는 것이라"(벧전 3:21)고 말씀하셨습니다. 예수님께서 받으신 세례로 우리의 모든 죄는 씻어졌지만, 우리는 죽을 때까지 죄를 지을 수밖에 없는 존재입니다. 다만 주님의 세례를 믿어서 거듭난 자는 성령을 선물로 받아서 죄가 전혀 없는 선한 양심으로 하나님의 선한 뜻을 좇아가게 됩니다. 우리의 연약한 육체는 내일도 틀림없이 죄를 지을 것인데 그 죄도 예수님께서 요단강에서 세례 받으실 때에 이미 예수님께로 넘어갔습니다. 우리도 앞으로 머지않아 숨을 거둘 날을 맞을 것입니다. "원한은 바위에 새기고 은혜는 물에 새긴다"라는 말이 있듯이, 우리가 죽는 순간에 원한이 맺힌 어떤 사람이 기억나서 그 사람을 원망하고 저주하며 죽는다고 가정해 봅시다. 마음으로 품은 악독한 원망도 죄입니다. 그런데 그 죄도 이미 예수님께서 요단강에서 세례 받으실 때 예수님께 넘어갔습니다.

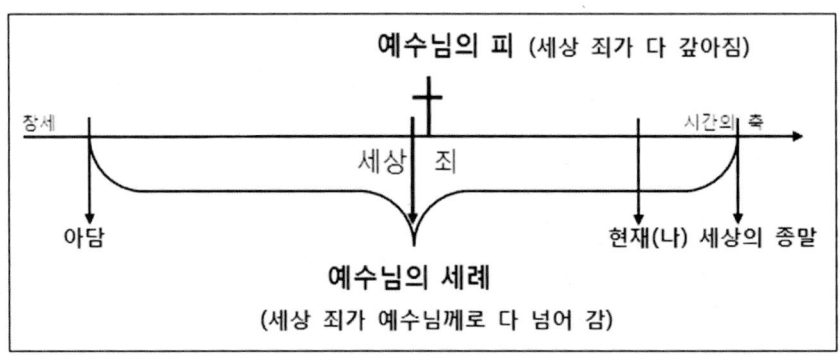

하나님께서 천지창조의 여섯째 날에 하나님의 형상대로 사람을 창조하셨습니다. 그런데 첫 사람 아담과 하와가 사단의 유혹에 빠져서 하나님의 명령을 어기고 선악(善惡)을 알게 하는 나무 실과를 따먹었습니다. 모든 인류의 조상인 아담 한 사람이 범죄함으로 인하여 세상에 죄가 들어왔고, 그로 인하여 우리 모두는 근본 죄인으로 태어나서 죄 아래 갇히게 되었습니다. 우리는 마음에 죄의 인자(因子)를 가득 품고 태어났기 때문에 평생에 죄를 지을 수밖에 없고 그 죄들로 인하여 지옥의 심판을 피할 수 없는 비참한 존재들입니다.

그런데 하나님께서 우리 인류를 죄 아래 가두신 것은 당신의 외아들을 구원자로 이 땅에 보내셔서 인류 전체를 단번에 구원하심으로 당신의 자녀들로 삼으시려는 구원의 깊은 경륜이었습니다. 하나님 아버지께서는 당신의 구원의 약속을 이루시려고 지금부터 약 이천 년 전에 처녀 마리아의 몸을 통해서 당신의 외아들을 우리와 같은 육신으로 보내 주셨습니다. 그리고 예수님께서는 서른 살이 되셨을 때 인류의 대표자인 세례 요한에게 안수(按手)의 형식으로 세례를 받으셨습니다. 그 세례로 아담에서부터 세상 종말까지의 인류의 모든 죄가 예수님께로 단번에 넘어갔습니다.

"**그 세례**"(the Baptism, 행 10:37)로 세상 죄를 온전히 담당하신 예수님은 저와 여러분들의 죄를 속량하시려고 창에 찔리고 채찍에 맞으시고 가시관이 씌워지고 얼굴에 침 뱉음을 당하시고 주먹으로 맞기까지 하셨습니다. 창조주이신 분께서 비루한 피조물들에게 그처럼 비참한 조롱을 당하셨습니다. 대속의 제물로 오신 주님께서는 십자가에 못 박히시고 피를 흘리셔서 우리 인류의 모든 죗값을 다 지불해 주셨습니다. 그리고 끝내 십자가 위에서 숨을 거두셨습니다. "**예수께서 신 포도주를 받으신 후 가라사대 다 이루었다 하시고 머리를 숙이시고 영혼이 돌아가시니라**"(요 19:30).

예수님께서 무엇을 "**다 이루었다**"라는 말씀입니까? 예수님께서는 이 세상의 모든 죄를 깨끗이 없애 주어서 우리에게 "**모든 의**"를 온전히 이루어 주셨습니다. 저와 여러분들의 모든 죄를 주님께서 일방적으로 깨끗이 없애 주셨습니다. 하나님의 구원은 저와 여러분의 선행이나 열심이나 충성에 관계없이 하나님 편에서 일방적으로 완성하셔서 우리에게 주시는 선물입니다. 하나님께서 그렇게 일방적으로 죄를 없애 놓으시고 그 구원의 복음을 믿는 자들은 누구든지 "**값 없이 의롭다 하심을 얻은 자**"(롬 3:24)가 되게 하셨습니다. 하나님께서는 "**우리의 체질을 아시고 우리가 진토임을 기억**"(시 103:14)하셨기 때문에 하나님 편에서 일방적으로 우리를 온전히 구원해 주셨습니다. 우리는 스스로의 노력이나 희생으로는 도저히 구원을 받을 수 없는 자들입니다. 그런데 주님께서는 우리를 죄와 상관없는 자로 만들어 주시기 위해서 "**이제 허락하라 우리가 이와 같이 하여 모든 의를 이루는 것이 합당하니라**"(마 3:15)하시며 세례 요한에게 세례를 받아 주신 것입니다.

"레위와 세운 나의 언약"인 진리의 복음

예수님은 **"물과 피로 임"**(요일 5:6)하셔서 우리를 모든 죄에서 단번에 구원하셨습니다. 이 진리의 복음이 바로 하나님께서 **"레위와 세운 나의 언약"**(말 2:4-5)입니다. 그런데 제사장들은 이 영원한 언약을 무시하고 파기했습니다. 그들은 공의한 속죄 제사의 규례를 버리고 저는 것, 눈먼 것, 병든 것으로 제사를 드렸습니다. 그들은 안수도 하지 않은 제물을 잡아서 피를 뿌리며 제사를 드리는 척하고 적당히 흉내만 냈습니다.

오늘날의 제사장들도 말라기 시대의 제사장들과 다를 것이 없습니다. 오늘날 자칭 하나님 종이라고 거들먹거리는 자들을 보십시오. 그들이 레위와 세운 하나님의 구원의 법을 알기나 합니까? 하나님의 구원의 언약은 1) 흠 없는 제물, 2) 안수(죄를 넘김), 3) 제물의 피 흘림(죽음)으로 합당하게 성립됩니다. 만일 구약의 제사장이 머리에 안수도 하지 않은 속죄제물의 피로 제사를 드렸다면 그것은 하나님께서 열납(悅納, 기쁘게 받음)하지 않으시는 불법제사입니다.

오늘날의 제사장들도 십자가의 피만으로 된 불법의 복음을 전파하고 있습니다. 십자가의 피만으로 여러분의 마음의 죄가 없어집니까? 절대로 없어지지 않습니다. 저도 오랫동안 십자가의 피만을 믿었습니다. 그런데 그때에 제 마음에는 분명히 죄가 있었고 저는 늘 지옥의 심판을 두려워했습니다. 죄가 있으면 천국에 갑니까, 못 갑니까? 여러분의 마음에 죄가 호리(毫釐)만큼만 있어도 천국에 못 들어갑니다. 아직 마음에 죄가 있는 사람은 자기 자신이 결코 천국의 영생에 들어가지 못하며, 오히려 지옥의 영벌(永罰)을 받아야 한다는 사실을 인정해야 합니다. 그러므로 아직 마음에 죄가 있는 기독죄인들(Christian sinners)은 돌이켜서 진리의 원형복음을 믿고 죄 사함을 받아야 합니다.

오늘 우리는 하나님께서 우리를 어떻게 구원하셨는지, **"레위와 세운 나의 언약"**(말 2:4-5)이 무엇인지에 대해서 말씀을 나누었습니다. 우리는 지옥에 가야 마땅한 자들이었는데, 하나님께서 우리를 이처럼 사랑하사 독생자를 보내 주셨습니다. 육신을 입고 하나님의 어린양으로 이 땅에 오신 성자(聖子) 예수님은 인류의 대표자인 세례 요한에게 안수의 형식으로 세례를 받으셔서 우리의 모든 죄를 단번에 담당하셨습니다. 그리고 주님은 십자가에 못 박혀서 여섯 시간 동안 피를 흘리심으로 우리 인류의 모든 죄를 대속하시고, **"다 이루었다"**(요 19:30)라고 크게 외치신 후 돌아가셨습니다.

주님께서는 십자가의 피로만 우리를 구원하시지 않았습니다. 주님께서는 인류의 대표자인 세례 요한에게 받으신 세례와 십자가에 못 박히셔서 흘리신 피로 우리를 모든 죄에서 온전히 구원하셨습니다. 그래서 성경은 **"이는 물과 피로 임하신 자니 곧 예수 그리스도시라 물로만 아니요 물과 피로 임하셨고 증거하는 이는 성령이시니 성령은 진리니라 증거하는 이가 셋이니 성령과 물과 피라 또한 이 셋이 합하여 하나이니라"**(요일 5:6-8)고 선포합니다. 성령과 물과 피의 증거를 온전히 담고 있는 복음만이 진리의 원형복음입니다. 예수님께서 받으신 세례의 증거를 빼놓고 예수님의 피만을 전하는 복음은 온전하지 못한 "반쪽짜리 복음"입니다. 그런 사이비(似而非) 복음으로는 결코 여러분의 마음의 죄가 흰 눈처럼 씻어지지 않습니다.

흠 없는 육신을 입고 하나님의 어린양으로 이 땅에 오셔서 **"물

과 피"의 사역으로 우리를 모든 죄에서 온전히 구원하신 주님의 은혜에 감사와 찬양을 드립니다.

할렐루야!

진리의 복음을 버린 제사장들의 악행

"레위와 세운 나의 언약은 생명과 평강의 언약이라 내가 이것으로 그에게 준 것은 그로 경외하게 하려 함이라 그가 나를 경외하고 내 이름을 두려워하였으며

그 입에는 진리의 법이 있었고 그 입술에는 불의함이 없었으며 그가 화평과 정직한 중에서 나와 동행하며 많은 사람을 돌이켜 죄악에서 떠나게 하였느니라

대저 제사장의 입술은 지식을 지켜야 하겠고 사람들이 그 입에서 율법을 구하게 되어야 할 것이니 제사장은 만군의 여호와의 사자가 됨이어늘

너희는 정도에서 떠나 많은 사람으로 율법에 거치게 하도다 나 만군의 여호와가 이르노니 너희가 레위의 언약을 파하였느니라

너희가 내 도를 지키지 아니하고 율법을 행할 때에 사람에게 편벽되이 하였으므로 나도 너희로 모든 백성 앞에 멸시와 천대를 당하게 하였느니라 하시니라

우리는 한 아버지를 가지지 아니하였느냐 한 하나님의 지으신 바가 아니냐 어찌하여 우리 각 사람이 자기 형제에게 궤사를 행하여 우리 열조의 언약을 욕되게 하느냐

유다는 궤사를 행하였고 이스라엘과 예루살렘 중에서는 가증한 일을 행하였으며 유다는 여호와의 사랑하시는 그 성결을 욕되게 하여 이방 신의 딸과 결혼하였으니

이 일을 행하는 사람에게 속한 자는 깨는 자나 응답하는 자는

물론이요 만군의 여호와께 제사를 드리는 자도 여호와께서 야곱의 장막 가운데서 끊어 버리시리라"(말 2:5-12).

"수박 겉핥기 식이다"라는 말이 있습니다. 우리가 수박의 겉을 아무리 핥아 본들 결코 수박의 맛을 알 수 없다는 뜻입니다. 그런데 "수박 겉핥기"식으로 성경을 대하는 분들이 많습니다. 그렇게 하나님의 말씀을 대하면, 하나님께서 우리들에게 주시고자 하는 은혜를 전혀 깨닫지 못합니다. 수박에서도 제일 가운데 부분이 가장 달듯이, 우리는 하나님의 말씀의 정확한 의미와 깊은 계시를 맛보아야 합니다. 우리가 우리를 향한 하나님의 뜻을 알고자 하는 간절한 마음으로 주님의 말씀을 대하면 성경에서 주님의 음성이 들리고 하나님의 깊은 경륜을 깨닫게 됩니다.

구약 시대에 제사장의 직분은 매우 중요했습니다. 제사장들은 이스라엘 백성의 영적 지도자들이었기 때문에 그들이 영적으로 타락하면 백성들은 전자동으로 멸망에 떨어질 수밖에 없었습니다. 그런데 말라기 시대의 제사장들은 극도로 타락했습니다. 그들은 **"레위와 세운 나(하나님)의 언약"**을 파기해 버렸습니다. 하나님께서 당신의 제사장들과 언약을 세워서 당신의 백성들이 죄 사함으로 말미암는 구원을 받게 하셨는데, 제사장들은 하나님께서 세우신 속죄제사(贖罪祭祀)의 규례를 지키지 않았고 자기 멋대로 불법적인 제사를 드렸습니다. 그들은 백성들이 가져온 흠 없는 제물을 못쓸 제물과 바꿔치기해서 눈먼 것, 저는 것, 병든 것으로 속죄의 제사를 드렸습니다. 이처럼 말라기 시대의 제사장들은 자기 욕망을 채우려고 하나님께서 세워 주신 법도를 무시하고 하나님을 만홀(漫忽)히 여겼습니다.

저들이 욕망을 좇아서 제사장의 직무를 제멋대로 행하고 하나님의 법을 버렸기 때문에 하나님께서는 그들을 심판하기로 작정하셨습니다. "보라 내가 너희의 종자를 견책할 것이요 똥 곧 너희 절기의 희생의 똥을 너희 얼굴에 바를 것이라 너희가 그것과 함께 제하여 버림을 당하리라"(말 2:3). 하나님께서 세우신 성결의 법을 무시하고 경홀히 여겨서 짓밟아 버리고 자기들의 욕망을 좇아 병든 양과 저는 염소를 잡아 속죄의 제사를 드린 제사장들 얼굴에 희생제물의 똥을 발라서 제해 버리겠다고 하나님께서 경고하셨습니다.

"만군의 여호와가 이르노라 너희가 내 단 위에 헛되이 불 사르지 못하게 하기 위하여 너희 중에 성전 문을 닫을 자가 있었으면 좋겠도다 내가 너희를 기뻐하지 아니하며 너희 손으로 드리는 것을 받지도 아니하리라"(말 1:10).

이 말씀을 오늘날의 교회에 적용한다면, "자칭 하나님의 종이라는 자들이 영혼들을 예배당에 모아놓고서 진리의 복음은 선포하지 않고 있다. 그들은 '다른 복음'(갈 1:6-8)을 전파해서 하나님을 찾는 영혼들에게 임할 구원의 은총을 가로막고 있다. 누가 이런 자들의 예배당 문들을 닫아 주었으면 좋겠다"라는 하나님의 탄식의 말씀이 될 것입니다. 하나님께서는 당신의 구원을 바라고 나오는 자들이라면 누구라도 죄 사함을 받고 거룩하게 되는 온전한 진리의 복음을 주시기 원하시는데, 거듭나지 못한 현대판 제사장들이 반쪽짜리 복음으로 불법의 제사를 드리고 있으니 하나님께서는 탄식하실 수밖에 없습니다. "누가 저 거짓 제사장들의 얼굴에 제물의 똥을 처발라서 제해 버리고 그들의 예배당 문을 다 닫아주면 좋겠다! 저들이 내 이름을 아무리 외쳐봐야 그들의 마음에는 나를 경외하는 구석이라고는 찾아볼 수 없구나! 그들이 외치는 거짓된 복음을 듣고서는 아무도 죄 사함을 받지 못한다. 그러니 너희들 중에 누군가가 차라리 그들의 예배당 문을 닫아주길 바란다"라고 하나님께서는 오늘도 탄식하십니다.

제사장의 책무

"레위와 세운 나의 언약은 생명과 평강의 언약이라 내가 이것으로 그에게 준 것은 그로 경외하게 하려 함이라 그가 나를 경외하고 내 이름을 두려워하였으며 그 입에는 진리의 법이 있었고 그 입술에는 불의함이 없었으며 그가 화평과 정직한 중에서 나와 동행하며 많은 사람을 돌이켜 죄악에서 떠나게 하였느니라 대저 제사장의 입술은 지식을 지켜야 하겠고 사람들이 그 입에서 율법을 구하게 되어야 할 것이니 제사장은 만군의 여호와의 사자가 됨이어늘"(말 2:5-7).

"제사장의 입술은 지식을 지켜야" 합니다. 여기에서 "지식"이란 "진리를 아는 지식"(히 10:26), 즉 진리의 복음을 지칭합니다. 예수님께서는 "너희가 내 말에 거하면 참 내 제자가 되고 진리를 알찌니 진리가 너희를 자유케 하리라"(요 8:31-32)고 말씀하셨는데, 이 말씀에서도 "진리"는 바로 진리의 원형복음(原形福音)입니다. 우리가 진리의 원형복음을 알고 믿으면 복음의 진리가 우리를 모든 죄로부터 자유롭게 합니다. 또 진리의 복음은 세상의 모든 속박으로부터도 우리를 자유롭게 합니다. 진리로 거듭난 사람은 진리의 복음으로 죄 사함을 받았고 하늘에 속한 자가 되었기 때문에 더 이상 어떤 죄나 이 땅에 속한 가치에 묶이지 않으며 이 세상의 권세에도 굴복하지 않습니다.

"**제사장의 입술은 지식을 지켜야**" 합니다. 제사장 입술에는 진리의 복음이 있어야 합니다. 하나님께서 우리를 모든 죄에서 구원하신 복음이 무엇인가에 대해서 제사장들은 명확히 알고 믿어야 합니다. 제사장들은 구원의 지식을 백성들에게 언제나 바르게 선포해야 합니다. 그것이 제사장에게 있어서 제일 큰 책무입니다. 오늘날의 제사장들도 진리의 원형복음을 모른다면 그들은 제사장의 자격이 전혀 없는 자들입니다. 어떤 사람이 자기 마음에 쌓여 있는 죄 때문에 괴로워서 자칭 하나님 종이라는 자에게 와서 "목사님, 저는 마음의 죄 때문에 너무나 괴롭습니다. 저는 나름대로 죄를 안 지으려고 애를 쓰는데 저도 모르게 자꾸 죄를 짓습니다. 목사님, 저의 죄 문제를 해결해 주십시오. 제가 구원을 받도록 인도해 주십시오" 하고 도움을 구했습니다. 그런데 자기도 거듭나지 못한 소경 목사는 이런 사람에게 "기도 열심히 하십시오. 간절히 하나님의 은혜를 구하십시오. 그러면 어느 날 하나님께서 은혜를 주셔서 구원의 확신을 얻게 됩니다" 하고 공허한 소리만 들려줍니다. 이런 목사는 제사장의 자격이 없는 자입니다.

"거듭난다"(being born again)라는 것이 무엇입니까? "**너희 죄가 주홍 같을찌라도 눈과 같이 희어질 것이요 진홍 같이 붉을찌라도 양털 같이 되리라**"(사 1:18)는 약속의 말씀대로 한 죄인이 죄 사함을 받아서 의인으로 변화되는 역사가 바로 거듭남의 역사입니다. 이러한 역사는 사람의 능력으로는 할 수 없는 일입니다. 표범이 그 반점을 없애는 일이 가능하겠습니까? 그것은 불가능합니다. 하나님께서는 "**구스인이 그 피부를, 표범이 그 반점을 변할 수 있느뇨 할 수 있을찐대 악에 익숙한 너희도 선을 행할 수 있으리라**"(렘

13:23)고 말씀하셨습니다. 구스인은 에티오피아인, 즉 흑인을 지칭합니다. 인종차별적인 예는 아니지만, 흑인이 그 피부를 백인으로 바꿀 수 있습니까? 그것은 불가능합니다. 죄 덩어리인 우리들이 인간 스스로의 힘으로 죄를 없이 할 수 있겠습니까? 그것은 불가능합니다. 그러나 주님께서는 **"사람으로는 할 수 없으되 하나님으로는 그렇지 아니하니 하나님으로서는 다 하실 수 있느니라"**(막 10:27)고 말씀하셨습니다. 하나님께서는 우리의 모든 죄를 이미 다 없애 주셨습니다. 죄 덩어리인 우리들의 그 모든 죄를 하나님께서 일방적으로 다 없애 주신 그 진리의 복음을 믿을 때에 우리의 마음은 흰 눈같이 깨끗하게 죄 사함을 받고 의인으로 거듭납니다. 거듭남이란 **"죄 사함으로 말미암는 구원"**(눅 1:77)이고 복음의 은혜를 입어서 하나님 자녀가 되는 은총입니다. 그런데 하나님께서는 그 은총을 간절히 찾는 자들만 누릴 수 있도록 성경 안에 복음의 비밀을 감추어 두셨습니다.

하나님께서는 제사장들에게 구원의 비밀을 아는 지식을 가르쳐 주셨습니다. 그래서 하나님의 종들의 입술에 진리의 복음이 있게 하셨습니다. 진정으로 거듭난 하나님의 종들은 "목사님, 내가 어떻게 하면 거듭날 수 있습니까? 내가 어떻게 하면 천국에 들어갑니까? 내가 어떻게 하면 구원을 받을 수 있습니까?" 하고 도움을 청하는 사람을 만나면 물 만난 고기처럼 신이 납니다. 그리고 성경을 펴서 진리의 복음 말씀을 자세하게 전해 줍니다. 하나님께서 세우신 제사장의 입술에는 **"진리를 아는 지식"**이 있습니다.

그런데 말라기 선지자 시대의 제사장들은 진리의 지식을 잃어 버렸습니다. 그들의 눈은 탐욕으로 가득 차 있었습니다. 백성들이 흠 없는 양이나 염소를 제물로 가져오면 그것들은 빼돌려 팔아먹고 저는 것, 눈먼 것, 병든 것으로 바꿔치기를 해서 속죄의 제사를 드렸습니다. 어떤 사람이 망가지는 것은 대부분 돈 때문입니다. 오늘날의 기독교에도 똑같은 현상이 일어나고 있습니다. 자칭 하나님 종이라는 거짓 선지자들이 온갖 거짓말로 영혼들을 꾀어서 돈을 긁어모아 예배당이나 크게 짓고 자기의 호주머니를 채웁니다. 그들은 가난한 심령의 영혼들이 자기들 앞에 나와서 구원받기를 간절히 원해도 구원을 베풀 능력이 없는 사기꾼들이며 눈먼 목자들입니다. 그들은 영적인 돌팔이 의사들입니다. 진정한 전문의(專門醫)들은 환자의 병을 정확하게 진단하고 말끔하게 고쳐 주지만, 돌팔이 의사들은 환자의 병만 더 깊어지게 합니다.

마가복음 5장에는 열두 해 동안 혈루병(血淚病)을 앓고 있던 어떤 여인이 믿음으로 예수님의 옷을 만지는 순간, 단번에 혈루 근원(根源)이 말라버린 치유의 역사가 기록되어 있습니다. 그 여인은 부끄럽고 괴로운 혈루병을 고치고자 많은 의원들에게 가서 자기의 치부를 보이며 많은 수모를 겪었지만 낫기는커녕 돈만 다 탕진하였고 병만 더 깊어졌습니다. 그 여인은 오늘날 기독교라는 종교의 세계에서 허덕이는 죄인들의 모습입니다.

그런데 그 여인이 예수 그리스도를 만나서 믿음으로 주님의 옷을 잡는 순간에 그녀의 혈루 근원은 단번에 말랐습니다. 죄 사함은 단번에 받는 것입니다. 회개 기도를 드릴 때마다 조금씩 조금씩 죄가 없어지는 것이 결코 아닙니다. 예수 그리스도의 옷은 하나님의 의(義)를 계시합니다. **"물과 피로 임"**(요일 5:6)하신 예수님께서는 거룩한 당신 몸을 제물로 드려서 **"한 영원한 제사"**(히 10:12)를 드리심으로 말미암아 영원히 해지지 않는 가죽옷과 같은 **"하나님의 의"**(롬 1:17)를 완성시켜 주셨습니다. 진리의 원형복음이 아담에게 입혀 주신 가죽옷이며 어린양으로 오신 예수 그리스도께서 완성하신 의의 옷입니다. 그 여인은 진리의 복음인 하나님의 의를 믿음으로 붙잡는 순간에 그 혈루 근원이 단번에 말랐습니다. 우리의 모든 죄가 단번에 근원적으로 깨끗하게 씻어지는 것은 하나님의 은혜이며 능력입니다.

제사장들은 그 입술에 진리의 복음을 아는 지식을 지켜야 했습니다. 그러나 그들은 진리의 지식을 버리고 자기들의 욕망만 좇아갔기 때문에 하나님께서는 패역한 제사장들을 제거해 버리겠다고 경고하셨습니다. 하나님께서는 탐욕에 눈이 먼 이 시대의 거짓 목회자들에게도 똑같이 경고하십니다. "너희는 나의 사자(使者)가 되어서 영혼들에게 죄 사함의 원형복음을 선포해 주어야 하였거늘 너희는 자기의 욕망만 좇아가고 있으니 너희의 얼굴에 제물의 똥을 처발라서 똥과 함께 제하여 버리겠다"라고 주님은 경고하십니다.

레위와 세운 하나님의 언약

"너희는 정도에서 떠나 많은 사람으로 율법에 거치게 하도다 나 만군의 여호와가 이르노니 너희가 레위의 언약을 파하였느니라"(말 2:8).

하나님께서 레위와 세운 언약은 바로 구원의 복음입니다. 하나님께서는 레위 족속을 구별하여 그들을 제사장 족속으로 삼으셨습니다. 이스라엘 백성이 율법을 어겨 죄를 짓고 그 죄를 깨닫게 되거든 흠 없는 제물을 제사장 앞으로 끌고 와서, 그 제물의 머리에 안수해서 자기의 죄를 넘기고, 그 제물의 목을 따서 피 흘려 죽게

함으로 대속(代贖)의 죄 사함을 받게 하셨습니다. 이 대속(代贖)의 제사법이 바로 레위와 세운 언약의 요체(要諦)입니다. 그런데 레위 족속 제사장들은 하나님께서 세워 주신 속죄의 제사법을 무시하고 흠 있는 제물, 즉 저는 것, 눈먼 것, 병든 것으로 제사를 드렸습니다. 그들은 자기들의 욕망을 좇아서 그렇게 불법 제사를 드리면서 뒷구멍으로 돈만 챙겼습니다.

말라기 시대의 패역한 제사장들의 입술에는 진리를 아는 지식, 즉 구원의 복음이 없었습니다. 그리고 그들은 돈만 밝혔습니다. 오늘날의 거짓 목자들도 말라기 시대의 타락한 제사장들과 다를 것이 없습니다. 현대판 제사장들에게도 진리의 지식이 없습니다. 사실 그들은 처음부터 진리의 복음을 듣지도 보지도 못했습니다. 신학교에서 신학을 공부했다고 진리의 원형복음을 아는 줄 압니까? 아닙니다. 신학교에서는 진리의 원형복음을 가르치지도 않습니다. 신학교 교수들이 **"레위와 세운 나의 언약"**(말 2:5)이 무엇인지도 모르는데, 자기들이 모르는 것을 어떻게 신학생들에게 가르치겠습니까? 하나님께서는 그런 패역한 제사장들을 반드시 제하십니다. 그러나 오늘날에도 **"레위와 세운 나의 언약"**(말 2:5)을 알고 믿는 하나님 종들이 있습니다. 그들은 입술에 **"진리를 아는 지식"**(히 10:26)을 간직하고 전파함으로 하나님을 기쁘시게 합니다.

사람들에게 좋게 보이려는 자들

"너희가 내 도를 지키지 아니하고 율법을 행할 때에 사람에게 편벽되이 하였으므로 나도 너희로 모든 백성 앞에 멸시와 천대를 당하게 하였느니라 하시니라"(말 2:9).

패역한 제사장들은 또한 말씀을 전할 때에 사람들의 입맛에 맞도록 편벽(偏僻)되게 전했습니다. "편벽되게"(partial)라는 말은 "한쪽으로 치우쳐서"라는 뜻입니다. 그들은 하나님보다는 사람들의 평판을 중시했습니다. 예수님은 우리가 어떤 중심으로 신앙생활을 해야 하는가에 대해서 가르쳐 주셨습니다. 우리는 기도할 때에, 구제할 때에, 금식할 때에, 또는 기타 모든 선한 일을 할 때에 사람에게 좋게 보이려고 하지 말고 은밀한 중에 보시는 하나님 앞에서 행하라고 주님은 말씀하셨습니다. 우리 신앙생활은 전적으로 하나님 앞에서 하는 것입니다. 사람들에게 잘 보여서 인정을 받으려고 하는 신앙생활은 근본 잘못된 것입니다.

그런데 기독교인들은 목사님이나 다른 교인들에게 "믿음 좋다"라는 인정을 받으려고 신앙생활에서 열심을 내는 경우가 허다합니다. 하나님께서 그러한 중심을 기뻐하시겠습니까? 아나니아와 삽비라의 경우를 보십시오. 그들은 초대교회의 사도들과 성도들에게 존경과 칭찬을 받으려고 땅을 팔아서 하나님의 종들을 속이며 얼마는 감추어 두고 "이게 다입니다" 하고 교회 앞에 내어놓았습니다. 아나니아와 삽비라는 하나님의 성령을 속이고 사람에게 편벽되이 행한 죄로 결국 죽임을 당했습니다.

코람 데오와 코람 호미니부스

코람 데오(Coram Deo)라는 말이 있습니다. 코람(coram)이라는 라틴어는 "~의 면전에서"(in the presence of)라는 뜻이고, 데오(Deo)라는 말은 "하나님"을 의미하는 데우스(Deus)에서 온 말입니다. 따라서 "코람 데오"(Coram Deo)란 참된 신앙생활을 지향하는 우리의 중심이 "하나님 앞에서" 행하는 것이어야 한다는 뜻입니다. 다른 사람들이 뭐라 하든 우리는 항상 하나님의 눈길을 의식하고 하나님의 뜻에 순종하는 중심(中心)을 지켜야 합니다. 그러면 우리가 사람에게 편벽되게 행하지 않습니다.

"코람 데오"(Coram Deo)와 대칭되는 말이 "코람 호미니부스"(Coram hominibus)입니다. 이 말은 "사람 앞에서"라는 뜻인데, 거듭나지 못한 기독교인들을 포함해서 모든 종교인들은 "코람 호미니부스"(Coram hominibus)를 지향(志向)합니다. 종교인들은 사람들의 인정을 받으려고 자기의 의를 자랑합니다. "코람 호미니부스"(Coram hominibus)를 지향하는 종교인들은 사실 자기의 의에 배불러서 하나님의 의에 대해서는 알지도 못하는 자들입니다. 주님께서는 그러한 종교인들에 대해서 **"저희가 하나님께 열심이 있으나 지식을 좇은 것이 아니라 하나님의 의를 모르고 자기 의를 세우려고 힘써 하나님의 의를 복종치 아니하였느니라"**(롬 10:2-3)고 지적하셨습니다. 종교인들은 하나님의 의를 멸시하는 자들입니다. 하나님께서는 인간들이 자기의 더러운 의를 자랑하는 것을 가장 싫어하십니다.

"코람 데오"(Coram Deo)의 믿음으로 마음을 지키며 신앙생활을 하는 사람은 누가 뭐라고 비난하든지 먼저 하나님의 뜻에 순종합니다. 어떤 여인이 향유 옥합을 깨뜨려서 예수님 발 위에 붓고 눈물로 주님의 발을 적시며 자기의 머릿결로 주님의 발을 닦아드렸습니다. 베다니의 그 여인은 사람들이 수군거리며 자기를 비난하는 소리에 전혀 개의치 않았습니다. 그녀는 자기를 모든 죄에서 구원하신 주님의 발, 자기를 구원하려고 육신을 입고 오셔서 요단강에서 세례를 받으셨고 내일이면 십자가에 오르실 예수님의 발, 즉 주님의 행하신 **"의의 한 행동"**(롬 5:18) 위에 자기의 모든 것을 다 부어드려도 그녀는 전혀 아깝지 않았습니다. 저와 여러분은 언제든지 "하나님 앞에서" 신앙생활을 해야 합니다. 남이 뭐라 하든 하나님만을 바라보는 것이 참된 신앙입니다. 우리는 베뢰아 사람들처럼 들은 바 말씀을 곰곰이 상고해 보고, 이 말씀이 진리인 것이 확인되면, 베다니의 그 여인처럼 누가 뭐라고 우리를 비난하더라도 우리는 하나님의 말씀만을 따라가야 합니다. 그렇게 하는 **"코람 데오"** 의 믿음이 주님 앞에서 행하는 참된 신앙입니다.

그런데 말라기 시대의 제사장들은 사람의 편에 치우쳐서, 사람들이 듣기 좋아하는 편벽된 교설(巧舌)로 인기를 얻고 그들로부터 돈을 갈취하는 데에만 관심이 있었습니다. 오늘날의 목회자들도 그들과 똑같습니다. 지금도 거듭나지 못한 설교자들은 사람들에게 편벽(偏僻)되게 행하고 있습니다. 그들은 교인들이 듣기 좋아하는 말만 해서 육신적인 사람들에게 인기를 얻고 사람들이 구름떼같이 자기들에게 모여들게 합니다. **"악한 사람들과 속이는 자들은 더욱 악하여져서 속이기도 하고 속기도 하나니"**(딤후 3:13)라는 말씀대로, 속이는 자나 속는 자는 육신의 욕망을 좇는다는 면에서는 피차 일반입니다. 그런 사기꾼들은 빚을 내서라도 십일조를 드리면 하나님께서 열 배, 백 배로 갚아 주신다고 사기를 칩니다. 그런 거짓말에 속아서 자기의 왕국을 건설하려는 거짓 목자들에게 헌신하는 자들도 하나님께로부터 동일한 심판을 받게 된다는 사실을 명심해야 합니다.

하나님께서는 모든 사람이 다 구원에 이르기를 원하십니다. 그것이 당신의 아들을 아낌없이 인류의 대속 제물로 내어 주신 하나님 아버지의 뜻입니다. 또한 하나님께서는 당신의 구속의 은혜를 믿음으로 거듭난 하나님의 자녀들이 주님의 뜻을 따라서 믿음의 삶을 살면 그들에게 필요한 것들을 다 공급해 주십니다. 주님께서는 **"너희는 먼저 그의 나라와 그의 의를 구하라 그리하면 이 모든 것을 너희에게 더하시리라"**(마 6:33)고 말씀하셨습니다. 그러니 우리는 그의 나라와 그의 의를 추구하면 됩니다. **"그리하면 이 모든 것을 너희에게 더하시리라"**라는 말씀은 우리가 살아가는데 필요한 것들은 덤으로 주시겠다는 약속의 말씀입니다. **"그의 나라와 그의 의"**를 어떻게 구합니까? 진리의 원형복음을 믿고 전파하면 됩니다. 우리가 성부(聖父) 하나님의 독생자인 예수 그리스도께서 **"물과 피"**(요일 5:6)로 이 땅에 임하셔서 이루신 하나님의 의를 믿고 전파하면, 하나님은 우리에게 필요한 모든 것들 즉, 무엇을 먹을까 무엇을 마실까 무엇을 입을까 하는 문제들을 다 해결해 주십니다.

"너희는 먼저 그의 나라와 그의 의를 구하라 그리하면 이 모든 것을 너희에게 더하시리라"(마 6:33)-저는 이 말씀을 믿습니다. 그리고 이 의로운 약속의 말씀이 저의 삶 가운데서 성취되는 역사를 무수히 체험했습니다. 저는 지금부터 8년 전에 거의 가진 것이 없이 이곳 제주도에 내려왔습니다. 육신에 병도 있었고 살 길이 막막했습니다. 하지만 저는 먼저 그 나라와 그 의를 구하려고 마음을 딱 정하고, 오직 진리의 복음을 전파할 수 있게 해달라고 하나님께 간절히 기도를 드렸습니다. 저는 먹을 것과 입을 것이 있으면 족한 줄로 알고 곤고한 중에도 허락하시는 대로 이 진리의 복음을 전파하는 영적인 일들을 해왔습니다. 그런데 여러분께서 지금 보시는 바와 같이 하나님께서 저에게 복음을 전파할 길을 열어주셨고 제 삶에 필요한 것들도 넘치게 주셨습니다. 제가 무슨 다른 교회의 목사님들처럼 사례비를 받습니까? 저는 지금까지 목회와 선교사역을 하면서 사례비를 한 푼도 받아본 적이 없습니다. 저는 사도 바울처럼 복음 전파의 사역에 필요한 물질을 내 손으로 벌어서 썼습니다. 그래도 저는 지금까지 아무 부족함이 없이 살아왔습니다. 하나님께서 제게 필요한 모든 것들을 다 공급해 주셨기 때문입니다.

하나님 종은 사람들의 눈치나 살피며 그들에게 편벽(偏僻)되이 말하거나 행동하지 않습니다. 저는 사람들이 듣기 좋은 소리를 하지 못합니다. "하나님 뜻이 이것이다" 하면 저는 그렇게 대언(代言)할 뿐입니다. 그렇게 분명한 말씀을 전해 주어도 어떤 이가 정 믿지 않겠다고 하면, "그래요? 그러면 당신은 당신의 생각을 좇아서 그렇게 사십시오. 그렇지만 유일한 진리의 원형복음인 **"물과 피의 복음"**을 믿지 않으면 결코 죄 사함을 받지 못하고 지옥에 간다는 사실은 잊지 마십시오"라고 권면하고 그 사람에게서 저의 마음을 접습니다. 이렇게 하나님의 말씀만을 전파하는 자가 하나님 종이고, 사람에게 편벽되이 행하는 자들은 패역한 제사장들입니다.

"유다는 궤사를 행하였고 이스라엘과 예루살렘 중에서는 가증한 일을 행하였으며 유다는 여호와의 사랑하시는 그 성결을 욕되게 하여 이방 신의 딸과 결혼하였으니 이 일을 행하는 사람에게 속한 자는 깨는 자나 응답하는 자는 물론이요 만군의 여호와께 제사를 드리는 자도 여호와께서 야곱의 장막 가운데서 끊어 버리시리라"(말 2:11-12).

"깨는 자나 응답하는 자"란 "권력자나 학자"(the master and the scholar, KJV) 즉 영적 지도자들을 지칭합니다. 하나님은 패역한 짓을 하는 종교 지도자들과 불법한 제사를 드리는 모든 제사장들을 당신의 백성에서 제해 버리겠다고 경고하셨습니다. 하나님께서는 이방 신의 딸들과 결혼한 거짓 선지자들, 즉 **"사단의**

회"(Synagogue of Satan, 계 2:9)에 속한 제사장들을 하나님의 백성에서 반드시 끊어 버리십시오. 우리는 진리의 원형복음을 좇지 않고 반쪽짜리 사이비 복음으로 영혼들을 유린하며 사람에게 편벽된 교훈으로 재산을 갈취하는 거짓 선지자들을 경계하고 멀리해야 합니다.

저는 이번 사경회에 참석한 여러분 모두가 **"죄 사함으로 말미암는 구원"**(눅 1:77)을 받고 하늘에 속한 신령한 축복을 누리시기를 바랍니다.

말씀을 마쳤습니다. 할렐루야!

울음과 탄식으로
여호와의 단을 가리는 자들

"유다는 궤사를 행하였고 이스라엘과 예루살렘 중에서는 가증한 일을 행하였으며 유다는 여호와의 사랑하시는 그 성결을 욕되게 하여 이방 신의 딸과 결혼하였으니

이 일을 행하는 사람에게 속한 자는 깨는 자나 응답하는 자는 물론이요 만군의 여호와께 제사를 드리는 자도 여호와께서 야곱의 장막 가운데서 끊어 버리시리라

너희가 이런 일도 행하나니 곧 눈물과 울음과 탄식으로 여호와의 단을 가리우게 하도다 그러므로 여호와께서 다시는 너희의 헌물을 돌아보지도 아니하시며 그것을 너희 손에서 기꺼이 받지도 아니하시거늘

너희는 이르기를 어찜이니까 하는도다 이는 너와 너의 어려서 취한 아내 사이에 여호와께서 일찌기 증거하셨음을 인함이니라 그는 네 짝이요 너와 맹약한 아내로되 네가 그에게 궤사를 행하도다

여호와는 영이 유여하실찌라도 오직 하나를 짓지 아니하셨느냐 어찌하여 하나만 지으셨느냐 이는 경건한 자손을 얻고자 하심이니라 그러므로 네 심령을 삼가 지켜 어려서 취한 아내에게 궤사를 행치 말찌니라"(말 2:11-15).

많은 유다의 권세자들이 하나님의 말씀을 어기고 이방인의 딸들을 데려다가 아내로 삼았는데, 그들은 시집을 오면서 자기들의 우상인 이방 신을 들여왔습니다. 그 결과 이스라엘 백성들은 산마

다 산당(山堂)을 짓고 상수리나무마다 그 그늘 아래 우상을 세웠으니 나라가 온통 우상들로 뒤덮였습니다. 하나님께서는 당신이 택한 백성을 사랑해서 그들에게 복을 주시고 지켜 주셨지만, 제사장들이 그들의 입술에 하나님의 말씀을 지키지 못하고 타락하자 이스라엘 백성들은 모두 하나님을 버리고 자기들의 욕망을 좇아 이방 신들을 섬겼습니다. 그래서 여호와께서 먼저 타락한 제사장들을 제하여 버리기로 작정하셨습니다. 하나님께서는 이방 신을 섬기는 제사장들의 얼굴에 제물의 똥을 발라서 제해 버리겠다고 경고하셨습니다.

울음과 탄식으로 하나님의 구원 사역을 무시하고 짓밟는 자들

"너희가 이런 일도 행하나니 곧 눈물과 울음과 탄식으로 여호와의 단을 가리우게 하도다 그러므로 여호와께서 다시는 너희의 헌물을 돌아보지도 아니하시며 그것을 너희 손에서 기꺼이 받지도 아니하시거늘"(말 2:13).

"꼴값도 가지가지한다"라는 말이 있습니다. 타락한 제사장들은 우상 숭배의 패역을 행한 위에 한 가지 악을 더 행했습니다. 그들은 온갖 불법을 행한 위에 **"눈물과 울음과 탄식으로 여호와의 단을 가리"**는 악행(惡行)도 서슴없이 행했습니다. 여호와의 단(壇)은 무엇을 의미할까요? 여호와의 단은 죄 사함을 받는 곳이기에, 그것은 하나님의 복음을 계시합니다. 출애굽기 20장의 말씀을 보면, 하나님께서는 이스라엘 백성들에게 먼저 십계명을 열거해 주시고, 바로 그 후반부에 제단을 쌓을 것을 명하셨습니다. 이와 같이 하나님께서는 이스라엘 백성들이 율법 앞에서 죄를 깨닫거든 번제단(燔

祭壇)을 쌓고 그 위에 희생의 제사를 드려서 죄 사함을 받도록 하셨습니다.

"내게 토단을 쌓고 그 위에 너의 양과 소로 너의 번제와 화목제를 드리라 내가 무릇 내 이름을 기념하게 하는 곳에서 네게 강림하여 복을 주리라 네가 내게 돌로 단을 쌓거든 다듬은 돌로 쌓지 말라 네가 정으로 그것을 쪼면 부정하게 함이니라 너는 층계로 내 단에 오르지 말라 네 하체가 그 위에서 드러날까 함이니라"(출 20:24-26).

"내가 무릇 내 이름을 기념하게 하는 곳에서 네게 강림하여 복을 주리라"-하나님께서 우리에게 주시는 가장 큰 축복은 **죄 사함의 축복**입니다. 그리고 구약의 번제단은 장차 하나님 아버지께서 당신의 외아들을 육신으로 보내셔서 인류의 대표자인 세례 요한에게 안수의 형식으로 받으신 세례로 인류의 모든 죄를 담당하신 후, 십자가에서 **"다 이루었다"**(요 19:30)라고 외치시기까지 피 흘려 대속하신 **"한 영원한 제사"**(히 10:12)의 계시(啓示)였습니다. 그러므로 여호와의 단(壇)은 영적으로 **"우리를 모든 죄에서 구원하신 물과 피의 복음"**을 의미합니다.

거듭난 의인들이 "하나님! 이 죄를 용서해 주옵소서" 하며 울고 탄식하며 금식 기도를 드려야 합니까? 진리의 복음을 믿음으로 죄 사함 받은 자들은 하나님의 은혜로 그들의 모든 죄가 이미 깨끗이 씻어졌기에, 자신들의 죄를 용서해달라고 다시금 울고불고할 필요가 없습니다. 따라서 **"울음과 탄식으로 여호와의 단을 가리"**는 악행은 지옥의 형벌을 받아 마땅한 죄입니다. 하나님의 복음은 완전합니다. 그런데 완전한 복음을 믿지 않으면 계속 마음에 자신의 죄가 기억나서 울면서 "내가 어떻게 하다가 그런 죄를 지었던고!" 하며 탄식을 합니다.

거듭나지 못한 자들이 자기들의 죄 때문에 뱉어내는 **"울음과 탄식"**을 하나님께서 기뻐하실 것 같습니까? 하나님은 죄인들의 **"울음과 탄식"**을 기뻐하지 않습니다. 하나님께서는 당신의 외아들을 대속의 어린양으로 보내 주셔서 우리들의 모든 죄를 완벽하게 없애 주셨습니다. **"물과 피로 임"**(요일 5:6)하신 예수 그리스도께서 우리 죄를 깨끗이 없애 주셨습니다. 그런데 하나님께서 당신의 아들을 희생하셔서 깨끗이 없애 주신 죄를 다시 들고 나와서 그 죄를 용서해 달라고 하면 하나님께서 기뻐하시겠습니까? **"울음과 탄식"**으로 회개 기도를 드리는 자들은 하나님께서 하신 일을 무효화 시키고 예수님을 다시 십자가에 못 박는 자들입니다.

당신의 교회를 보호하시는 하나님

"너희는 이르기를 어찜이니까 하는도다 이는 너와 너의 어려서 취한 아내 사이에 여호와께서 일찌기 증거하셨음을 인함이니라 그는 네 짝이요 너와 맹약한 아내로되 네가 그에게 궤사를 행하도다 여호와는 영이 유여하실찌라도 오직 하나를 짓지 아니하셨느냐 어찌하여 하나만 지으셨느냐 이는 경건한 자손을 얻고자 하심이니라 그러므로 네 심령을 삼가 지켜 어려서 취한 아내에게 궤사를 행치 말찌니라"(말 2:14-15).

아내가 하나입니까, 아니면 여럿입니까? 아내는 하나입니다. "이러므로 사람이 부모를 떠나 그 아내와 합하여 그 둘이 한 육체가 될지니 이 비밀이 크도다 내가 그리스도와 교회에 대하여 말하노라"(엡 5:31-32) 하신 말씀대로 하나님의 교회는 그리스도의 아내이고 신부인데, 하나님의 교회는 하나입니다: **"몸이 하나이요 성령이 하나이니 이와 같이 너희가 부르심의 한 소망 안에서 부르심을 입었느니라 주도 하나이요 믿음도 하나이요 세례도 하나이요 하나님도 하나이시니 곧 만유의 아버지시라 만유 위에 계시고 만유를 통일하시고 만유 가운데 계시도다"**(엡 4:4-6). 예수 그리스도의 세례는 우리의 모든 죄를 주님께 넘긴 구원의 세례입니다. 주님께서 **"물과 피로 임"**(요일 5:6)하셔서 자기의 모든 죄를 없애 주셨다고 믿는 성도들이 믿음의 고백으로 받는 세례도 주님께서 받으신 세례와 하나입니다. 또한 죄 사함을 받고 동일한 성령으로 인치심을 받은 성도들의 모임인 하나님의 교회(그리스도의 몸)도 하나입니다.

성경에서 "아내"나 "신부"는 하나님의 교회를 의미합니다. **"어려서 취한 아내"**라는 말씀은 하나님께서는 인류를 창조하시고서 처음부터 교회를 세우셨다는 뜻입니다. 하나님은 아담에게 **"가죽옷"**의 복음을 주시고 아담의 가족이 하나님의 교회를 이뤄서 믿음의 말씀을 지키게 하셨습니다. 우리는 연약하기 때문에 우리 모두에게 교회는 절대적으로 필요합니다. 하나님께서는 죄 사함을 받은 우리들을 하나하나 인도하셔서 교회를 이루게 하시고 믿음을 지키게 하십니다. 비늘이 있는 물고기는 미꾸라지나 뱀장어처럼 비늘이 없는 물고기보다 훨씬 더 연약합니다. 비늘이 있는 물고기는 물 밖으로 나오면 얼마 지나지 않아서 죽습니다. 거듭난 성도들도 **"궁창 위의 물"**(창 1:7)인 하나님의 말씀을 듣지 못하면 그 영혼이 쉽게 죽습니다. 그래서 우리에게 하나님의 교회가 절대적으로 필요하며 성도들은 교회를 통해서 궁창 위의 물을 마셔야만 삽니다.

"배역한 자식들아 돌아오라 나는 너희 남편임이라 내가 너희를

성읍에서 하나와 족속 중에서 둘을 택하여 너희를 시온으로 데려 오겠고 내가 또 내 마음에 합한 목자들을 너희에게 주리니 그들이 지식과 명철로 너희를 양육하리라"(렘 3:14-15)고 약속하셨습니다. 성읍에서 하나, 족속에서 둘 정도가 하나님의 부르심에 응답하여 시온으로 인도를 받듯이, 진리의 원형복음을 믿음으로 거듭나서 하나님의 교회를 이루고 있는 성도들은 그리 많지 않습니다. 그러나 하나님의 진리의 복음을 믿어서 죄 사함을 받은 성도들이 모이면 하나님께서는 당신의 양 무리를 돌보고 배불리 먹이게 하시려고 당신의 교회에 당신의 마음에 합한 목자를 반드시 세워 주십니다. 그래서 성도들이 하나님의 종의 인도를 받게 되면 그들은 믿음 안에 굳게 서서 영적으로 장성한 자들로 자라나고 진리의 복음을 전파하는 하나님의 일꾼들이 됩니다.

"어려서 취한 아내": 태초부터 세워진 하나님의 교회

하나님께서는 인류 역사의 시작부터 당신의 교회를 세우셨고 아담을 당신의 종으로 삼아주셨습니다. 아담은 범죄하였으나 후에 주님의 은혜를 입어 죄 사함을 받은 의인입니다. 아담이 범죄한 후에 하나님께서 그에게 가죽옷을 입혀 주셨습니다. 그는 가죽옷의 복음을 믿음으로 말미암아 죄 사함을 받았습니다. 자기의 모든 수치를 완벽하게 영원토록 가려주는 가죽옷이 마련되려면 어린양이 희생되어야 합니다. 자기 대신 죗값을 치르고 죽은 양의 공로, 즉 하나님께서 자기 아들을 희생시켜서 만들어 주신 **"하나님의 의"**를 믿음으로 옷 입은 아담은 **"죄 사함으로 말미암는 구원"**(눅 1:77)을 받았습니다.

아담은 자기의 아내와 두 아들, 즉 가인과 아벨에게도 구원의 복음을 전해 주었습니다. 그렇게 말씀을 믿은 아담의 가족이 처음 세워진 하나님의 교회입니다. 그 최초의 교회가 바로 **"어려서 취한 아내"**이며 진리의 말씀으로 세워진 하나님의 유일한 교회입니다. 노아의 시대에 이르러서는 노아와 그의 아내와 세 아들과 자부들을 합쳐서 의인들이 모두 몇 명이었습니까? 노아의 시대에는 노아의 가족 의인 8명이 하나님의 교회를 이루었습니다. 아브라함이 본토 친척 아비 집을 떠나서 약속의 땅에 들어가서 우거(寓居)하였는데, 아브라함은 의인이었고 그의 집안 사람들이 하나님의 교회를 이루었습니다. 후에 아브라함의 조카 롯이 자기 소욕을 좇아 아브라함을 떠나 소돔 땅에 가서 살았는데 큰 전쟁이 일어나 롯이 포로로 붙잡혀 갔습니다. 그때에 아브라함은 집에서 길리고 연습한 군사 318명을 데리고 가서 4개국 연합군을 다 깨뜨리고 조카 롯을 다시 찾아왔습니다. 그때에는 아브라함과 그의 가족과 또 함께한 318인의 군사들이 하나님의 교회를 이루고 있었습니다. 이 모든 교회들이 **"어려서 취한 아내"**이고 인류의 시작부터 세우신 하나님의 교회입니다.

인류 역사의 시작부터 하나님께서 친히 세우신 교회는 하나입니다. 인류 역사상 많은 교회들이 있었고 지금도 자기들의 모임을 하나님의 교회라고 자칭(自稱)하는 무리들이 많습니다. 그러나 하나님의 교회는 인류의 역사를 통해서 전 세계 적으로 딱 하나입니다. 레위와 세운 언약을 간직한 교회만이 하나님의 교회인데 하나님의 교회는 전 세계적으로 하나입니다. 아내가 하나이듯이 하나님 교회도 하나입니다. 진리의 복음을 간직한 교회는 아무리 수천 년 전에 존재했던 교회라도 우리와 똑같은 하나님의 교회입니다. 이스라엘 백성들이 모세의 인도를 받아서 애굽의 종살이에서 해방되어 광야로 나왔습니다. 아담의 교회 안에서 아벨이 양의 첫 새끼와 그 기름으로 제사를 드렸듯이, 광야에 거하였던 이스라엘의 총회도 레위와 세운 언약을 가지고 있었던 하나님의 교회입니다.

두 종류의 교회: 하나님의 교회와 사단의 회(會)

"내게 말하라 율법 아래 있고자 하는 자들아 율법을 듣지 못하였느냐 기록된 바 아브라함이 두 아들이 있으니 하나는 계집종에게서 하나는 자유하는 여자에게서 났다 하였으나 계집종에게서는 육체를 따라 났고 자유하는 여자에게서는 약속으로 말미암았느니라 이것은 비유니 이 여자들은 두 언약이라 하나는 시내 산으로부터 종을 낳은 자니 곧 하가라 이 하가는 아라비아에 있는 시내 산으로 지금 있는 예루살렘과 같은 데니 저가 그 자녀들로 더불어 종 노릇 하고 오직 위에 있는 예루살렘은 자유자니 곧 우리 어머니라 기록된 바 잉태치 못한 자여 즐거워하라 구로치 못한 자여 소리질러 외치라 이는 홀로 사는 자의 자녀가 남편 있는 자의 자녀보다 많음이라 하였으니 형제들아 너희는 이삭과 같이 약속의 자녀라 그러나 그때에 육체를 따라 난 자가 성령을 따라 난 자를 핍박한 것같이 이제도 그러하도다 그러나 성경이 무엇을 말하느뇨 계집종과 그 아들을 내어쫓으라 계집종의 아들이 자유하는 여자의 아들로 더불어 유업을 얻지 못하리라 하였느니라 그런즉 형제들아 우리는 계집종의 자녀가 아니요 자유하는 여자의 자녀니라"(갈 4:21-31).

이 세상에는 하나님의 교회와 세상 교회라는 두 종류의 교회가 공존합니다. 대부분의 교회들은 인간의 생각에서 기원(起源)하여 이 세상에 뿌리를 내렸기 때문에 그런 교회들을 **"세상 교회"**라고 부릅니다. 이들은 하나님의 교회가 아니라 인간의 주장과 이념이 만들어낸 것들이며 이 세상에 속한 교회들입니다. 땅으로부터 생겨나서 이 세상에 속한 교회들과는 대조적으로 하늘로부터 내려온 교회가 있습니다. 하나님께서 **"너의 어려서 취한 아내"**(말 2:14)라고 부르시는 교회는 인류 역사의 처음부터 하나님께서 친히 세우신 당신의 교회입니다.

그 두 교회의 차이가 무엇입니까? 위에 인용한 갈라디아서의 말씀에서 두 여인은 두 종류의 교회를 말하는데, 한 여인은 약속의 말씀을 믿음으로 아들을 낳은 사라(Sarah)이고, 다른 한 여인은 사람의 계획과 행위를 좇아서 아들을 낳은 하가(Agar)입니다. 어떤 일이 있었습니까? 아브라함은 하나님께로부터 "네 후손이 바다의 모래처럼 하늘의 별처럼 많으리라"라는 약속의 말씀을 받았는데, 시간이 제법 많이 흘렀는데도 그 약속의 말씀이 성취되지 않았습니다. 사라는 "내 남편은 점점 늙어가고 나는 경수가 끊어진 지도 오래되었으니 하나님인들 그 약속을 어찌 이루시겠는가!" 하는 조급한 마음으로 자기 몸종인 하가를 아브라함에게 들여보냈습니다. 그래서 인간의 의지와 계획으로 아들을 낳았는데 그가 바로 이스마엘입니다. 이스마엘은 하나님의 약속을 믿음으로 얻은 자식이 아니라 인간의 계획과 노력으로 얻은 자식이며 인간의 행위의 소산입니다. 인간의 의지와 행위의 소산을 가지고 하나님께 나아가고자 하는 삶의 양식(life style)을 종교(宗敎)라고 부릅니다. 이스마엘을 낳은 하가(Agar)는 땅에서 나온 교회를 계시하는데, 그것은 하나의 종교에 불과합니다.

　가인은 기독교라고 이름하는 종교의 시조(始祖)입니다. 가인은 땅(인간)의 소산(所産)을 제물로 삼아 하나님께 제사를 드렸습니다. 가인의 후예들은 인간의 의지와 공로를 들고 하나님께 나아가는 자들인데, 오늘날 대부분의 기독교인들은 가인의 노선을 따르는 종교인들에 불과합니다. 그런데 아벨은 양의 첫 새끼와 그 기름을 들고 하나님께 나아갔습니다. 아벨은 자기 자신이 지옥에 가야할 자임을 정직하게 인정하고, "하나님, 저는 지옥에 가야 마땅한 죄 덩어리입니다만 하나님께서 저와 같은 자를 불쌍히 여기셔서 어린양으로 오실 당신의 아들의 대속의 제사를 받으시고 저를 온전히 구원해 주셨습니다" 하고 감사의 제사를 드렸습니다.　오늘날에도 진리의 원형복음(原形福音)을 믿어서 거듭난 자들은 아벨과 같이 의의 제사를 드리는 아벨의 후예들입니다. 아벨의 후예들이 모인 교회, 자기들에게는 자랑할 것이 전혀 없기 때문에 오직 양의 첫 새끼 되신 예수 그리스도만을 찬양하며 하나님의 의를 믿음으로 들고 나가는 교회가 있습니다. 그들이 바로 믿음으로 하나님을 기쁘시게 하는 하늘에 속한 교회이며 믿음으로 약속의 아들을 낳은 사라(Sarah)의 교회입니다.

　이 세상에는 두 부류의 교회가 있습니다. 그 하나는 율법의 상징인 시내 산에서 기원(起源)한 교회입니다. 이런 교회의 교인들은 율법을 잘 지켜서 하나님을 기쁘시게 하려고 합니다. 그런데 우리는 율법을 온전히 지킬 수 없는 자들입니다. **"율법은 거룩하고 계명도 거룩하고 의로우며 선"**(롬 7:12)한 것이지만 우리는 그 선한 율법을 지킬 능력이 전혀 없는 자들입니다. 우리가 죄를 짓지 않으려고 노력하고 의로운 행위로 자기의 수치를 가려보려고 해도 그런 종교적인 노력으로는 우리의 죄를 전혀 가릴 수 없습니다. 아침마다 무화과 나뭇잎으로 치마를 해서 입는다고 자기의 수치가 온전히 가려지겠습니까? 새벽 기도로 만든 무화과 나뭇잎 옷은 한나절이 지나가기 전에 말라서 부서집니다.

종교인들은 무화과 나뭇잎으로 만들어 입은 옷을 스스로 벗어버려야 합니다. 종교의 교훈을 따라서 자기의 의로 지어 입은 위선의 옷을 벗어버려야만 하나님께서 지어 주신 가죽옷을 입을 수 있습니다. 가죽옷은 하나님께서 우리에게 주신 "하나님의 의"(롬 1:17)인데, 그 의는 완전하고 영원합니다. 주님께서 당신의 몸을 제물로 삼아 "물과 피"(요일 5:6)의 사역으로 지어 주신 진리의 가죽옷은 천만 년이 지나도 절대로 해지지 않습니다. 우리가 부족해서 실수를 하고 아무리 죄를 많이 지을지라도 우리를 그 모든 죄에서 깨끗이 씻어 주신 주님의 복음은 완전합니다. 그 완전한 의의 복음이 나의 수치를 완벽하게 가려 주는 가죽옷입니다.

하나님의 교회인 "어려서 취한 아내"

"어려서 취한 아내"는 하나님께서 인류 역사의 시초부터 진리의 복음으로 세우신 하나님의 교회입니다. 하나님의 교회는 무슨 신학교를 졸업한 경력이나 어떤 교단의 인증을 받아서 세우는 것이 아닙니다. 교회를 그리스어로 에클레시아(ἐκκλησία, ekklēsia)라고 하는데, 이 말은 "밖으로 불러내다"라는 뜻입니다. 즉 죄악의 세상 가운데서 진리의 복음으로 불러내서 거룩하게 된 의인들의 모임이 하나님의 교회입니다.

"고린도에 있는 하나님의 교회 곧 그리스도 예수 안에서 거룩하여지고 성도라 부르심을 입은 자들과 또 각처에서 우리의 주 곧 저희와 우리의 주 되신 예수 그리스도의 이름을 부르는 모든 자들에게"(고전 1:2)라는 성경 말씀에 교회의 정의(定義)가 정확하게 기록되어 있습니다. 하나님께서 인류 역사의 처음부터 세우신 당신의 교회는 딱 하나입니다. 하나님의 교회는 그리스도 예수께서 완성하신 진리의 복음을 믿어서 죄 사함을 받고 거룩해진 성도(聖徒)들의 모임입니다. 거룩할 성(聖) 자, 무리 도(徒) 자-성도란 거룩한 무리입니다. 하나님께로부터 **"성도라 부르심을 입은 자들"**은 복이 있습니다. 우리 스스로는 절대로 거룩해질 수 없습니다. 그런데 하나님께서 당신의 외아들을 육신으로 보내 주셔서 인류의 대표자인 세례 요한에게 세례를 받게 하심으로 인류의 모든 죄를 단번에 담당하시고 십자가의 피로 없애 주신 주님의 구원사역을 믿음으로 우리가 죄 사함을 받고 거룩한 의인들이 되었습니다. 이렇게 진리의 복음을 믿음으로 죄 사함을 받은 자들을 **"의인"**(義人)이라고 칭하고 또 **"성도"**(聖徒)라고도 부릅니다.

　이 세상의 교회에서는 교회에 출석하면 아무나 성도라고 불러 줍니다만, 의인(義人)이나 성도(聖徒)라는 호칭(呼稱)은 아무에게나 붙여 주는 명칭이 아닙니다. 이 호칭은 죄 사함 받은 의인들에게만 붙일 수 있는 존귀한 호칭입니다. 그리고 죄 사함을 받은 의인들, 거듭난 성도들이 모인 곳이 하나님 교회입니다. 하나님 교회는 전 세계적으로 하나입니다. 하나님의 교회에는 교파도 없습니다. 하나님의 교회 안에서는 하나님께서 우리의 모든 죄를 **"물과 피의 복음"**으로 씻어서 거룩하게 해 주셨다는 진리만이 성도들의 마음에 샛별처럼 빛나고 있습니다. 우리가 지금 하나님 교회에 속해 있다는 사실을 우리는 감사하고 자랑스럽게 여겨야 할 것입니다.

약속의 말씀을 믿음으로 거듭난 하나님의 자녀들

"그러나 성경이 무엇을 말하느뇨 계집종과 그 아들을 내어쫓으라 계집종의 아들이 자유하는 여자의 아들로 더불어 유업을 얻지 못하리라 하였느니라"(갈 4:30).

하나님의 교회에 속한 의의 자녀들은 천국의 영생을 유업(遺業)으로 받습니다. 그러나 이 세상 교회에 속한 자들은 성도들이 얻는 영생의 유업을 결코 얻지 못합니다. 두 여인은 바로 두 교회를 말합니다. 하나님께서 세우신 교회와 사람이 세운 교회, 위로부터 내려온 교회와 땅에서부터 생겨난 교회가 있습니다. 말라기 선지자의 시대에 패역한 제사장들은 자기들의 탐욕과 이 세상 풍속을 좇아서 하나님의 교회를 타락시켰습니다. 그들은 하나님께서 세우신 교회를 버리고 자기들의 취향에 맞는 음란한 여인을 아내로 취했습니다. 그들은 하나님의 교회가 아닌 세상 교회를 좇아갔던 것입니다.

오늘날의 패역한 제사장들도 자기들의 입맛에 맞는 교리를 주창(主唱)하고 자기들의 주장을 따르는 자들을 규합해서 교단들을 세우고 자기들의 왕국을 건설하고 있습니다. 대형교회의 담임목사들이 사례비를 얼마나 받는 줄 아십니까? 억대의 연봉은 기본이고 수십억 원대의 연봉을 받는 목회자들도 있습니다. 상여금, 목회 활동비, 차량 구입 및 유지비, 사택 구입 및 유지비, 자녀 학자금 일체, 도서비 일체, 생활비 일체, 국내외 여행비 일체, 각종 보험료 일체, 각종 의료비 일체- 그들은 매월 받는 사례비 외에도 항목을 적을 자리가 모자랄 정도로 여러 구실을 붙여서 교인들의 헌금을 자기들의 주머니에 넣습니다.

그런데 근자에 정부에서 종교인들에게 소득세를 부과하려 하자 기독교의 목회자들이 가장 심하게 반대를 했습니다. 그들은 대한민국의 국민이 아닙니까? 자기들이 외국인입니까? 그들은 국가가 만들어 놓은 도로나 수도시설이나 전기시설을 사용하지 않습니까? 그런데 왜 세금을 내지 않으려 합니까? 그만큼 벌면 세금도 합당하게 내야지, 그런 자들은 도둑놈들이 아닙니까? 저는 지금까지 교회로부터 사례비를 한 푼도 받아 본 적이 없지만, 제가 자비량(自費糧)하려고 일을 해서 번 돈에 대해서는 저의 세무사를 통해서 세금을 착실하게 냅니다. 여호와의 것은 여호와께 바치고 가이사의 것은 가이사에게 주면서 당당하게 복음을 전파해야지, 목회자들이 엄청난 사례비를 받으면서 세금을 내지 않는 것은 분명 잘못입니다. 하나님의 종이랍시고 특권의식에 젖어 있는 그런 자들 때문에 기독교가 세상 사람들의 지탄을 받고 있습니다.

사실 이 세상에 속한 교회의 인도자들은 하나님의 이름을 빙자해서 이방 신(異邦神), 즉 돈의 신(Mammon)을 섬깁니다. 성경에 나오는 대표적인 이방의 우상(偶像) 신은 바알(Baal)과 아세라(Asherah)입니다. 남신(男神)인 바알은 힘과 권력의 상징이고, 여신(女神)인 아세라는 다산(多産)의 상징입니다. 아세라 신상에는 유방이 백 개 정도나 달려 있습니다. 고대사회에서는 다산(多産)이 부(富)와 권세를 의미합니다. 자식이 많아야 농사도 짓고 목축도 하고 부족의 세력도 확장할 수 있기 때문입니다. 부와 권력은 모든 인간이 추구하는 욕망이고 가치입니다. 인간이 추구하는 세속적 가치를 3 P라고 부르는데, 그것은 재산(property), 권력(power), 지위(prestige)의 머리 글자가 모두 P자(字)이어서 생긴 말입니다. 그런데 하나님과 언약을 맺은 제사장들조차 이러한 3 P 의 세속적 가치를 좇아서 우상을 숭배하는 자들이 되었다고 하나님께서는 탄식하셨습니다.

오늘날도 마찬가지입니다. 자칭 하나님 종이라는 목회자들이 하나님을 경외하고 하나님의 뜻에 순종하려고는 하지 않고, 여호와의 이름을 빙자해서 세상 사람들보다 더 노골적으로 세속적 가치를 좇습니다. 이 세상의 많은 목사들이 "불가근 불가원"(不可近不可遠)이라는 말을 목회의 좌우명(座右銘)으로 삼습니다. 이 말은 "목회자는 교인들을 너무 가까이도 하지 말고 너무 멀리하지도 말아야 한다"라는 뜻입니다. 왜 그런 원칙을 좌우명으로 삼는 줄 아십니까? 교인들이 목회자에게 너무 가까이 가면 목회자의 더러운 악취를 너무 많이 맡고 끝내 신앙생활을 그만둘 수 있습니다. 그렇다고 또 너무 멀리하면 다른 목회자에게 그 영혼을 빼앗기니 너무 멀리하지도 말아야 합니다. 그러니 적당히 거리를 두라는 말입니다. "불가근 불가원"(不可近不可遠)-이 세상 교회의 목회자들이 왜 그렇게 불안해하고 노심초사하면서 힘겹게 목회사역을 합니까? 자기들이 하나님의 이름을 부르지만 실상은 우상을 섬기는 자들이기 때문입니다.

주님은 우리 인류를 단번에 거룩하게 구원하셨다

주님께서는 진리의 원형복음인 **"물과 피의 복음"**을 믿는 우리를 단번에 거룩하게 하셨습니다. 그리고 하나님의 완전한 구원을 믿는 자들을 영원히 온전케 하셨습니다. **"이 뜻을 좇아 예수 그리스도의 몸을 단번에 드리심으로 말미암아 우리가 거룩함을 얻었노라 제사장마다 매일 서서 섬기며 자주 같은 제사를 드리되 이 제**

사는 언제든지 죄를 없게 하지 못하거니와 오직 그리스도는 죄를 위하여 한 영원한 제사를 드리시고 하나님 우편에 앉으사 그 후에 자기 원수들로 자기 발등상이 되게 하실 때까지 기다리시나니 저가 한 제물로 거룩하게 된 자들을 영원히 온전케 하셨느니라"(히 10:10-14).

"한 번 해병은 영원한 해병"이라는 말이 있습니다. 해병대를 제대한 사람들은 이 문구에 큰 자부심을 가지고 있습니다. 그런 표현처럼, "한 번 의인은 영원한 의인"입니다. 진리의 복음을 믿어서 죄사함을 받은 의인들은 영원히 거룩한 존재가 되었습니다. 하나님께서 세워 주신 **"레위와 세운 나의 언약"**은 진리의 복음입니다. 성자(聖子) 하나님께서 우리를 죄에서 구원하시기 위해서 육신을 입고 이 땅에 오셔서 물과 피로 우리의 모든 죄를 없애 주신 진리의 복음을 믿어서 의인 된 사람은 영원히 죄가 없습니다. 우리는 부족할지라도 하나님께서 하신 일은 완전하기 때문에, 우리는 **"그 은혜를 인하여 믿음으로 말미암아"**(엡 2:8) 죄가 전혀 없는 완전한 의인들이 되었으며 영원토록 거룩하게 되었습니다.

회개 기도로 죄 사함을 받을 수 있습니까?

그런데 예수님을 믿는다는 자들이 "주여! 저는 죄인입니다. 이 죄를 용서하여 주시옵소서. 주여, 저를 불쌍히 여겨 주시옵소서" 하며 새벽마다 **"울음과 탄식"**으로 하나님께 나아가는 것을 하나님께서 기뻐하실까요? 예를 들어서 설명해 보겠습니다. 어떤 부호(富豪)에게 자식이 하나 있었는데, 일찍이 가출해서 방탕하게 살다가 빚을 너무 많이 지고 폐인이 되어 도망 다니고 있었습니다. 그 사실을 안 아버지는 당신의 재산을 다 팔아서 아들의 빚을 온전히 갚아 주었습니다. 그리고 빚을 다 갚았다는 영수증까지 아들에게 다 보여 주었는데도 그 아들은 그 사실을 믿지 않았습니다. 그 아들이 빚쟁이들을 만날까 봐 두려워하며 여전히 숨어 다니며 폐인으로 살아가고 있다면 그 아버지의 심정은 어떻겠습니까? 그런 아들은 아버지의 마음을 찢어지게 하는 불효막심한 놈입니다. 아버지는 모든 것을 희생해서 아들을 모든 빚더미에서 온전히 구원해 주었는데, 그 아들은 아버지의 공로와 은혜를 발로 밟는 것이나 다름없습니다.

지금도 예수님을 믿는다고 하면서도 **"울음과 탄식으로 여호와의 단을 가리"**는 악한 자들이 많습니다. 여호와의 단(壇)은 거룩하며 완전합니다. 하나님 말씀을 제가 자의적(恣意的)으로 해석한 것이 아닙니다. 그러므로 저는 여러분들이 오늘의 말씀을 잘 듣고 또 베뢰아 사람들처럼 깊이 상고해 보시기 바랍니다. 우리는 "주님께서 말씀하신 것이 옳은가? 아니면 내 생각이 옳은가?"를 따져봐야 합니다. 내 생각은 항상 악합니다. 주님께서는 **"아무든지 나를 따라오려거든 자기를 부인하고 자기 십자가를 지고 나를 좇을 것이니라"**(막 8:34)고 말씀하셨습니다. 아브라함이 갈 바를 알지 못하고 나아갔지만 하나님의 말씀을 따라갔듯이, 우리는 자기 생각을 부인하고 하나님의 말씀이 어떠한가를 확인하고 큰 확신으로 하나님의 말씀만을 따라가야 합니다.

말씀을 마쳤습니다. 할렐루야!

"어려서 취한 아내"인 하나님의 교회

"너희가 이런 일도 행하나니 곧 눈물과 울음과 탄식으로 여호와의 단을 가리우게 하도다 그러므로 여호와께서 다시는 너희의 헌물을 돌아보지도 아니하시며 그것을 너희 손에서 기꺼이 받지도 아니하시거늘

너희는 이르기를 어찜이니까 하는도다 이는 너와 너의 어려서 취한 아내 사이에 여호와께서 일찌기 증거하셨음을 인함이니라 그는 네 짝이요 너와 맹약한 아내로되 네가 그에게 궤사를 행하도다

여호와는 영이 유여하실찌라도 오직 하나를 짓지 아니하셨느냐 어찌하여 하나만 지으셨느냐 이는 경건한 자손을 얻고자 하심이니라 그러므로 네 심령을 삼가 지켜 어려서 취한 아내에게 궤사를 행치 말찌니라

이스라엘의 하나님 여호와가 이르노니 나는 이혼하는 것과 학대로 옷을 가리우는 자를 미워하노라 만군의 여호와의 말이니라 그러므로 너희 심령을 삼가 지켜 궤사를 행치 말찌니라

너희가 말로 여호와를 괴로우시게 하고도 이르기를 우리가 어떻게 여호와를 괴로우시게 하였나 하는도다 이는 너희가 말하기를 모든 행악하는 자는 여호와의 눈에 선히 보이며 그에게 기쁨이 된다 하며 또 말하기를 공의의 하나님이 어디 계시냐 함이니라"(말 2:13-17).

하나님께서는 패역한 제사장들을 책망하십니다. 말라기(Malachi) 선지자 시대의 제사장들은 하나님의 말씀을 무시하고 하나님께서 레위 족속 제사장들과 맺으신 언약을 저버렸기 때문에 이스라엘 백성들도 생명과 축복의 길을 잃어버렸고 타락과 멸망의 길로 빠져들어 갔습

니다. 영적 지도자들이 타락하자 이스라엘 백성들은 하나님을 버리고 이방 신을 섬기게 되었고 하나님께서 세워 주신 구원의 법은 멸시를 당하게 되었습니다. 영적인 세계에 있어서 제사장들의 믿음의 상태가 그토록 중요합니다.

하나님은 레위 지파에서 제사장들을 세우셔서 그들과 언약을 맺으시고 그들에게 이스라엘 백성들의 죄를 벗게 해 주는 구원의 법도를 주셨지만, 제사장들은 그들의 입술에서 **"진리를 아는 지식"**(히 10:26)을 버렸습니다. 레위 족속 제사장들의 입술에 지키도록 간곡히 부탁하신 **"지식"**은 **"진리의 말씀 곧 너희의 구원의 복음"**(엡 1:13)을 지칭합니다. 하나님은 **"창세 전에 그리스도 안에서 우리를 택하사 우리로 사랑 안에서 그 앞에 거룩하고 흠이 없게 하시려"**(엡 1:4)는 계획을 세워 놓으시고 그 기쁘신 뜻대로 첫 사람 아담에서부터 온전한 진리의 복음으로 구원의 은총을 입혀 주셨습니다.

아담과 하와는 범죄한 후에 자기들의 수치를 가리려고 스스로 무화과 나뭇잎으로 치마를 만들어 입었습니다. 그러나 무화과 나뭇잎으로 만든 옷으로는 자기들의 수치를 가릴 수도 없었고, 그 나뭇잎 옷은 금새 해졌기 때문에 그들은 새 옷을 자주 지어 입느라고 피곤하기 그지없었습니다. 인간이 스스로 자기의 수치를 가리려는 행위를 **"종교"**라고 부릅니다. **"종교 행위"**에 속한 사람들은 늘 피곤합니다. 어떻게 하든 자기의 수치를 가려보려고 인간의 의로 날마다 새 옷을 지어 입고자 노력하지만 자기의 노력과 희생과 공로로는 결코 자기의 죄를 가릴 수 없습니다.

하나님께서는 아담과 하와에게서 그들이 스스로 지어 입은 나뭇잎 옷을 벗기시고 그 대신에 당신께서 친히 만드신 가죽옷을 입혀 주셨습니다. 가죽옷은 어린양이 대속(代贖)의 제물로 희생되어서 얻어진 **"하**

나님의 의"(롬 1:17)를 계시합니다. "하나님의 의"를 계시하는 가죽옷은 완벽하게 우리의 수치를 가려줍니다. 가죽옷은 영원히 해지지 않습니다. 가죽옷은 인간의 손으로 만든 것이 아니라 하나님께서 친히 만들어 주신 "하늘제(製)" 옷이며 완전하고 영원한 **하나님의 의**입니다. 그 가죽옷이 진리의 복음이며 창세전부터 하나님께서 준비하신 구원의 법도입니다.

아담은 하나님께로부터 입은 구원의 은총을 두 아들 가인(Cain)과 아벨(Abel)에게 전해 주었습니다. 그런데 가인은 말씀을 믿지 않고 자기 소견에 좋은 대로 **"땅의 소산으로 제물을 삼아"**(창 4:3) 하나님께 제사를 드렸습니다. **"땅의 소산"**이란 인간의 공로나 의를 계시합니다. 즉 가인은 자기의 의와 공로를 들고 하나님께 나아가는 종교인의 시조(始祖)이며 율법주의 기독교인들의 전형(典型)입니다. 그러나 하나님께서는 땅의 소산으로 드린 가인의 제사를 받지 않으셨습니다.

그러나 아벨은 아버지 아담이 전해준 은혜의 복음을 순수한 마음으로 믿어서 죄 사함을 받고 하나님의 구원에 감사를 드렸습니다. 그래서 아벨은 양의 첫 새끼와 그 기름으로 하나님께 번제의 제사를 드렸습니다. **"양의 첫 새끼"**는 장차 하나님의 어린양으로 이 땅에 오실 예수 그리스도를 계시합니다. 아담과 아벨의 믿음을 계승한 믿음의 조상들(예컨대 노아나 아브라함 등)은 모두 하나님께 번제의 제사를 드려서 자기들을 값없이 구원해 주신 **"하나님의 의"**를 찬양했습니다. 그들은 장막 터를 옮기면 제일 먼저 다듬지 않은 돌로 번제단을 쌓고 흠 없는 양이나 염소를 끌고 와서 그 제물의 머리에 안수한 후에 그 제물을 잡아서 번제의 제사를 드렸습니다. 그러한 대속의 속죄제사에는 반드시 "안수"의 절차가 있었습니다. 안수(按手)는 제물(양이나 염소 등)에게 죄를 넘기는 하나님의 공의(公義)한 법도입니다. 인간의 죄를 안수의 방법으로 담당한 희생제물의 죽음을 통한 대속의 제사법은 하나님께서 장차 당신의 외아들을 인류의 어린양으로 보내셔서 인류 전체의 모든 죄를 단번에 깨끗이 없애 주시겠다는 언약의 예표(antitype)였습니다.

대속의 제사가 아니면
결코 구원을 받을 수 없는 우리들

"죄의 삯은 사망"(롬 6:23)입니다. 죄가 있으면 반드시 지옥에 떨어집니다. 아담의 후손인 우리들은 태어날 때부터 죄를 마음에 장착(裝着)하고 태어났기 때문에 우리는 자라나면서 전자동으로 죄를 지을 수밖에 없는 존재들입니다. 아카시아 나무를 보십시오. 그 씨앗을 현미경으로 자세히 들여다본들 가시와 비슷한 모양조차 찾아볼 수 없습니다. 그러나 아카시아의 씨앗에는 가시의 인자(因子)가 분명히 숨어 있습니다. 그래서 아카시아의 씨앗이 떨어져서 싹이 나고 줄기가 올라오게 되면 처음에는 줄기에 가시가 보이지 않다가 조금 더 자라나면 연두색 가시들이 줄기에서 돋아납니다. 연두색 가시들은 연해서 우리의 손을 찌르지 않는데 그것들은 곧 검고 날카로운 가시로 굳게 자리를 잡으면서 우리의 손을 찌릅니다. 우리의 죄악된 실상(實相)도 그와 같습니다. 우리는 근본 마음속에 각종 죄를 품고 태어났습니다. 어려서는 그러한 죄들이 대부분 잠복해 있습니다. 그러나 우리가 청소년이 되고 장성해지면 모든 죄악들이 피어나기 시작합니다. 그래서 어떤 환경을 만나면 각종 죄악들이 전자동으로 쏟아져 나오게 되어 있습니다.

예수님께서는 씻지 않은 손으로 음식을 먹던 주님의 제자들을 비난하며 자기들은 선한 존재인 줄 착각하고 있던 바리새인들에게 "무엇이든지 밖에서 사람에게로 들어가는 것은 능히 사람을 더럽게 하지 못하되 사람 안에서 나오는 것이 사람을 더럽게 하는 것이니라"(막 7:15-16)고 깨우쳐 주셨습니다. 그 자리가 파한 후에 제자들은 주님께 그 비유의 뜻을 여쭈었습니다. 주님께서는 "**사람에게서 나오는 그것이 사람을 더럽게 하느니라 속에서 곧 사람의 마음에서 나오는 것은 악한 생각 곧 음란과 도적질과 살인과 간음과 탐욕과 악독과 속임과 음탕과 흘기는 눈과 훼방과 교만과 광패니 이 모든 악한 것이 다 속에서 나와서 사람을 더럽게 하느니라**"(막 7:20-23) 하고 대답해 주셨습니다.

우리는 사람입니다. 그러니 이 말씀에 기록된 대로 우리의 마음속에는 주님께서 지적하신 죄들이 다 장착(裝着)되어 있습니다. 요즘 미국에는 총기 난사 사건이 자주 발생합니다. 이번에는 컴퓨터 게임장에서 인터넷 게임(game)을 하던 사람이 자기가 컴퓨터 게임에서 패하자 살인하는 마음과 광패가 불일 듯 올라와서 준비해 온 총을 들고 사람들에게 무차별로 난사했습니다. 그 사고로 많은 사람들이 죽거나 중상을 입었습니다. 어떤 자동 소총에 총알이 장착되어 있다면 방아쇠만 당기는 순간에 총알이 튀어나가서 사람이나 짐승을 죽이지 않습니까? 우리 마음에는 "**악한 생각 곧 음란과 도적질과 살인과 간음과 탐욕과 악독과 속임과 음탕과 흘기는 눈과 훼방과 교만과 광패**"라는 죄의 총알들이 무제한으로 장착되어 있어서 억제하지 못할 자극을 받는 순간 전자동으로 발사됩니다. 우리가 음란한 사진이나 동영상을 보게 되면 음란한 생각이 전자동으로 일어납니다. 길을 걷다가 가방을 하나 주웠는데 그 속에 돈뭉치가 들어 있었다면 우리의 심장은 뛰기 시작하고 우리는 좌우를 살펴볼 것입니다. 그것은 도둑질하고자 하는 마음이 벌써 작동을 했기 때문입니다.

누가 나를 괴롭게 하고 내게 큰 손해를 입혔다면 그 사람을 죽이고 싶은 마음이 불같이 일어납니다. 십계명(十誡命)에 **"탐내지 말지니라"** 라고 말씀하셨으니 탐심은 죄입니다. 그런데 우리가 욕심을 내지 않는 자입니까? **"헛된 영광을 구하여 서로 격동하고 서로 투기하지 말찌니라"**(갈 5:26)고 말씀하셨는데, 우리는 남이 잘되면 질투를 하지 않습니까? "사촌이 땅을 사면 배가 아프다"라는 속담이 있지 않습니까? 사촌이 잘되면 같이 기뻐해야 하는 것이 선한 마음입니다. 그러나 우리는 사촌이 땅을 사면 배가 아픈 존재입니다. 그래서 입술로는 "축하한다"라고 말은 합니다만 마음속은 씁쓸합니다. "쟤는 학교 다닐 때는 나보다 훨씬 못했는데, 남편을 잘 만나서 저렇게 잘 나가고 있는 거지" 하고 뒤로는 험담을 하며 생트집을 잡습니다. 우리는 근본 여러 가지 죄들을 마음에 장착하고 태어났기 때문에 어떤 환경을 만나면 죄를 지을 수밖에 없는 존재들입니다. 그러니 우리가 어떻게 지옥의 심판을 면할 수 있겠습니까?

"주께서 기쁘게 의를 행하는 자와 주의 길에서 주를 기억하는 자를 선대하시거늘 우리가 범죄하므로 주께서 진노하셨사오며 이 현상이 이미 오랬사오니 우리가 어찌 구원을 얻을 수 있으리이까"(사 64:5). 우리가 죄를 지을 수밖에 없는 존재가 된 것은 첫 사람 아담에게서 비롯된 일이니 우리가 죄를 쏟아내는 현상은 매우 오래된 현상입니다. 그러니 우리 스스로는 도저히 죄로부터 구원을 받을 수 없기에, 이사야 선지자도 **"이 현상이 이미 오랬사오니 우리가 어찌 구원을 얻을 수 있으리이까"** 하고 탄식했던 것입니다.

우리는 율법이 하나님께서 세워 주신 선하며 의로운 기준인 줄을 잘 압니다. 또 우리에게는 선을 행하고자 하는 소원도 있습니다. 그런데 문제는 우리가 선을 행할 능력이 없다는 사실입니다. 그러한 우리의 실존을 직시(直視)한 사도 바울은 다음과 같이 탄식했습니다.

"나의 행하는 것을 내가 알지 못하노니 곧 원하는 이것은 행하지 아니하고 도리어 미워하는 그것을 함이라 만일 내가 원치 아니하는 그것을 하면 내가 이로 율법의 선한 것을 시인하노니 이제는 이것을 행하는 자가 내가 아니요 내 속에 거하는 죄니라 내 속 곧 내 육신에 선한 것이 거하지 아니하는 줄을 아노니 원함은 내게 있으나 선을 행하는 것은 없노라 내가 원하는 바 선은 하지 아니하고 도리어 원치 아니하는 바 악은 행하는도다 만일 내가 원치 아니하는 그것을 하면 이를 행하는 자가 내가 아니요 내 속에 거하는 죄니라

그러므로 내가 한 법을 깨달았노니 곧 선을 행하기 원하는 나에게 악이 함께 있는 것이로다 내 속 사람으로는 하나님의 법을 즐거워하되 내 지체 속에서 한 다른 법이 내 마음의 법과 싸워 내 지체 속에 있는 죄의 법 아래로 나를 사로잡아 오는 것을 보는도다 오호라 나는 곤고한 사람이로다 이 사망의 몸에서 누가 나를 건져 내랴"(롬 7:15-24).

진실로 자기의 모습을 정직하게 바라보고 시인하는 사람은 "오호라 나는 곤고한 사람이로다 이 사망의 몸에서 누가 나를 건져 내랴" 하고 탄식할 수밖에 없습니다. 저도 주님 앞에서 바르게 살아보려고 몸부림을 쳤던 사람입니다. 저도 어떻게 하든 죄를 짓지 않고, 율법을 잘 지키며 거룩하게 살아보려고 부단한 노력을 했었습니다. 제 마음은 거룩하게 살기를 그토록 간절히 원했는데, 제 육체는 죄를 짓는 데로 달려가곤 했습니다.

저는 골목길에 쓰러져 있던 가출 소년을 데려다가 양자를 삼고 우리 아이들과 함께 학교를 보낸 적이 있습니다. 그런데 그 아이는 제 친자녀들보다 먼저 집에 돌아와서는 냉장고를 뒤져서 동생들 간식까지

다 먹어 치우기가 일쑤였습니다. 그 아이가 그동안 얼마나 배를 곯았으면 그랬겠습니까? 그렇지만 제 입에서는 그 아이를 불쌍히 여기는 마음보다는 욕부터 나갔습니다. "OO야 이놈아! 동생들 먹을 것을 너 혼자 다 처먹고, 네 입만 입이냐?" 하고 그 아이의 등짝을 후려친 적도 있습니다. "보름달"이라는 크림빵이 몇 푼이나 합니까? 만일 제 친자식이 그렇게 허겁지겁 먹었다면 "아이고 저놈이 얼마나 배가 고팠으면 저렇게 허겁지겁 세 개나 먹을까! 그래 다 먹어라! 내가 또 사다 넣어 줄게!" 하고 대견해했을 것입니다. 주변 사람들은 저를 대단한 사람이라고 존경했습니다만, 저는 그렇게 위선적이고 추악한 나의 모습을 발견할 때마다 하나님 앞에서 금식하며 눈물로 회개 기도를 드리곤 했습니다. 그때에는 저의 육체는 끊임없이 위선과 정욕과 탐욕과 교만과 광패를 쏟아낼 수밖에 없는 비참한 존재라는 사실을 몰랐었습니다.

한때 유행했던 "타타타"라는 대중가요에 "네가 나를 모르는데 난들 너를 알겠느냐"라는 가사가 있습니다. 상대방만 나를 모를까요? 사실 우리는 자기 자신에 대해서 잘 모릅니다. 우리는 자신에 대해서 엄청나게 착각을 합니다. 자신에게는 후한 점수를 주며 자기는 의로운 자라고 스스로를 두둔합니다만, 우리의 실상(實狀)은 그렇지 않습니다. 우리는 근본 죄 덩어리들입니다. 그래서 정직한 사람은 자기가 얼마나 악하고 더러운 자인지를 하나님 앞에서 솔직하게 인정합니다. 그렇게 자기의 근본 모습을 진솔하게 인정하는 자라야 구원자로 오신 예수님을 만나서 죄 사함을 받습니다.

그런데 바리새인들은 어땠습니까? 그들은 위선자들이었습니다. 그러면 우리는 바리새인과 다릅니까? 우리도 다 거짓으로 착한 척하는 위선자(僞善者)들입니다. 우리는 다 한 사람 아담에게서 쏟아져 나왔기 때문에 모든 사람은 다 똑같은 죄 덩어리들입니다. 우리의 성(姓)

은 달라도 사실은 다 "아담"의 후손이며 **"행악의 종자"**(사 1:4)들입니다. 아담이 우리 모두의 조상이기 때문에 우리는 본질상 다 **"행악의 종자"**(사 1:4)들입니다. 우리는 모두 근본 죄를 가지고 태어났는데 다만 누가 그것을 덜 쏟아내느냐 또 누가 얼마나 자기의 수치를 잘 가리느냐 하는 차이가 있을 뿐입니다.

우리의 마음속은 이기적 욕망과 악독으로 가득 차 있습니다. 인간에게는 선한 부분이 결코 없다고 성경은 말씀합니다. "내 생각은 그렇지 않은데? 나는 선한 부분이 참으로 많은데?"-저도 그렇게 착각했었습니다. 제 주변의 사람들은 공동체 운동을 하고 부랑아를 양자(養子)로 들여서 키우는 저를 대단하다고 칭찬했습니다. 그런데 저는 하나님의 말씀 앞에서 제가 얼마나 악하고 음란하고 더럽고 패역하고 이기적이고 교만한지를 잘 압니다. 정직한 사람은 하나님의 말씀 앞에서 자기의 참모습을 시인합니다. 주님께서는 **"속에서 곧 사람의 마음에서 나오는 것은 악한 생각 곧 음란과 도적질과 살인과 간음과 탐욕과 악독과 속임과 음탕과 흘기는 눈과 훼방과 교만과 광패니 이 모든 악한 것이 다 속에서 나와서 사람을 더럽게 하느니라"**(막 7:21-23)고 말씀하셨습니다. 저는 이 모든 죄들이 제 마음 안에 꽉 차 있어서 때를 따라 쏟아지고 있음을 시인합니다. 그러니 우리는 죄를 반드시 심판하시는 하나님 앞에서 지옥에 갈 수밖에 없는 존재들입니다. 그런데도 사람들이 자기의 근본 모습을 전혀 모르기 때문에 하나님께서 우리의 꼬락서니를 제대로 알라고 율법을 주셨습니다.

율법에 무엇이라 쓰여 있고 당신은 어떻게 읽습니까?

어떤 젊은 율법사가 **"선생님 내가 무엇을 하여야 영생을 얻으리이까?" 하고 예수님에게 물었습니다. 예수님은 **"율법에 무엇이라 기록되었으며 네가 어떻게 읽느냐"**(눅 10:26)라고 그에게 반문(反問)하셨습니다. 율법에는 "부모를 공경하라, 살인하지 말지니라, 간음하지 말지니라, 도적질하지 말지니라, 네 이웃의 재물을 탐내지 말지니라"라고 기록되어 있습니다. 그런데 예수님께서 물으신 대로 이러한 율법의 규례들을 우리가 **"어떻게 읽느냐?"**라는 것이 매우 중요합니다. 바리새인 같은 종교인들은 "예! 하나님께서 간음하지 말라고 하셨으니, 저는 절대로 간음하지 않겠습니다" 하고 읽습니다. 물론 간음은 분명히 죄이고 우리는 간음하지 말아야 합니다. 그런데 하나님 앞에서 정직한 사람은, "율법에는 간음하지 말라고 기록되어 있지만 저는 이 계명을 읽을 때에 '너는 간음하는 자다'라는 주님의 음성을 듣습니다"라고 고백합니다. 이 두 부류의 사람들 중에 어떤 자가 하나님 앞에서 은혜를 입겠습니까? 율법을 통해서 자기의 죄악된 모습을 깨닫는 사람이 율법을 제대로 읽는 자이며 죄 사함을 받을 자입니다.

 율법은 우리의 실체가 얼마나 죄악된지를 지적하는 말씀입니다. 하나님은 죄를 깨닫게 하기 위해서(롬 3:20), 또 **"계명으로 말미암아 죄로 심히 죄되게"**(롬 7:13) 하기 위해서 우리에게 율법을 주셨습니다. 율법으로 말미암아 죄가 성립되며 율법이 없다면 죄도 성립되지 않습니다. 아스팔트 도로에 중앙선이 노랗게 그려져 있다면 차량이든지 사람이든지 그 노란 선을 넘어가지 말아야 합니다. 만일 그 선을 넘어가면 도로교통법을 위반한 불법입니다. 그러나 만일 노란 선이 없었다면 길을 가로질러 건너가도 불법이 아닙니다. 그와 같이 율법이 있기 때문에 죄가 성립되는 것입니다. 살인하지 말라고 말씀하셨기에, 형제를 미워한 것도 죄가 됩니다. 율법에 "간음하지 말지니라" 하고 기록되어 있는데, **"여자를 보고 음욕을 품는 자마다 마음에 이미 간음하였느니라"(마 5:28)고 주님께서 말씀하셨습니다. 그러면 우리가 여자를 보고 마음으로 음란한 생각을 품은 것조차 간음의 죄를 범한 것입니다. 그러므로 저와 여러분은 날마다 간음의 죄를 범하는 자들이 아닙니까? 우리는 날마다 살인하며 도적질하는 자들이 아닙니까? 생각으로 품은 죄나 행동으로 옮긴 죄가 다 똑같은 죄입니다. 우리가 보기에는 생각이나 말로 범한 죄와 행동으로 옮긴 죄가 천지차이인 것 같지만, 하나님 앞에선 똑같은 죄입니다. 하나님께서는 마음의 중심을 살피는 분이시기 때문입니다. 우리에게 죄가 눈곱만큼만 있을지라도 우리는 결단코 지옥불의 심판을 면할 길이 없습니다. 죄가 그렇게 무서운 것인데 그 죄를 깨닫게 하는 것이 율법입니다.

율법으로 인하려 성립되는 죄의 사함을 받으려면

하나님께서는 우리가 그렇게 율법으로 죄를 깨닫거든 단(壇)을 쌓고 속죄의 제사를 드리라고 말씀하셨습니다: "내게 토단을 쌓고 그 위에 너의 양과 소로 너의 번제와 화목제를 드리라 내가 무릇 내 이름을 기념하게 하는 곳에서 네게 강림하여 복을 주리라 네가 내게 돌로 단을 쌓거든 다듬은 돌로 쌓지 말라 네가 정으로 그것을 쪼면 부정하게 함이니라 너는 층계로 내 단에 오르지 말라 네 하체가 그 위에서 드러날까 함이니라"(출 20:24-26).

기독교인들은 땅에 속한 축복을 자랑하고 간증합니다. 사람들은 부(富)나 건강이나 명예나 승진 같은 것들을 큰 축복으로 알지만 아무리 그런 축복을 많이 받아도 천국에는 못 갑니다. "돈벼락을 맞아 죽어도 좋으니 로또에 한번 당첨되면 죽어도 여한이 없겠다"라는 사람이 많습니다. 한번은 로또 복권을 파는 어떤 편의점에서 어떤 일용직

노동자가 그날 번 일당을 다 털어서 로또 복권을 사는 것을 본 적이 있습니다. 그 사람은 사는 것이 너무 힘들어서 "돈벼락"의 소망으로 버티는 것이니 그 모습이 참으로 안쓰러웠습니다.

그러나 우리에게 있어서 가장 귀한 축복은 **죄 사함의 축복**입니다. 하나님께서 우리에게 주시는 가장 큰 축복은 **천국의 영생을 얻게 하는 죄 사함의 축복**입니다. 죄 사함을 받아야 영생을 얻고 하나님의 자녀가 되어 천국의 영생을 누리기 때문입니다. 율법으로 말미암아 죄인으로 드러난 자들이 하나님께서 베푸시는 죄 사함의 축복을 누리는 곳이 바로 번제단(燔祭壇)입니다. 하나님께서는 이 번제단에 강림하셔서 당신의 이름을 기념하십니다. 번제단은 바로 우리의 모든 죄를 사해 주시는 구원의 복음을 계시합니다. 구약의 하나님의 백성들은 제단을 쌓고 그 위에 양이나 소로 속죄의 제사를 드려서 죄 사함을 받았습니다. 속죄의 제사를 드리려면 1) 흠 없는 양을 끌고 와서, 2) 그 머리에 안수를 함으로써 자기의 죄를 제물에게 넘기고, 3) 그 제물을 죽여 그 피(생명)로써 죗값을 대신 치르게 하고 그 몸은 불살라 하나님께 향기롭게 드려야 했습니다.

이 희생(犧牲)의 제사는 **"장차 오는 좋은 일의 그림자"**(히 10:1)였습니다. 구약의 제사법대로 하나님의 아들인 예수 그리스도께서 흠 없는 어린양으로 이 땅에 오셔서, 인류의 대표자인 세례 요한에게 안수의 형식으로 세례를 받으셨습니다. 그때에 잠시 머뭇거리던 세례 요한에게 예수님께서 **"이제 허락하라 우리가 이와 같이하여 모든 의를 이루는 것이 합당하니라"**(마 3:15) 하고 준엄하게 명령하셨습니다. **"그 세례"**(the Baptism, 행 10:37)로 인류의 모든 죄를 온전히 담당하신 예수님께서는 그 이튿날 세례 요한에게 **"보라 세상 죄를 지고 가는 하나님의 어린양이로다"**(요 1:29)라는 증거를 받으셨습니다. 예수님은

"이와 같이 하여" 즉 안수의 방법으로 세상 죄를 짊어지고 십자가로 가셨습니다. 그리고 주님은 십자가에 못 박혀서 여섯 시간 동안 피 흘리셔서 우리의 모든 죄에 대한 심판을 다 받아 주심으로 우리를 모든 죄에서 구원하셨습니다. 주님께서는 십자가 위에서 마지막 숨을 거두시기 전에 "다 이루었다"(요 19:30)라고 크게 외치셨습니다. 그때에 성전(聖殿)의 지성소(至聖所) 앞을 가로막고 있었던 휘장이 위에서 아래까지 큰 폭으로 찢어져서 지성소로 들어가는 길이 활짝 열렸습니다. 이는 누구든지 "물과 피로 임"(요일 5:6)하신 예수 그리스도를 믿는 자는 죄 사함을 받고 하나님의 보좌 앞에 담대히 나아갈 수 있게 되었다는 뜻입니다.

복음의 원형(原形)

하나님께서 우리 인류를 모든 죄에서 구원하신 원형(原形)의 복음은 아담 때부터 있었습니다. 어린양의 대속의 죽음으로 우리를 죄에서 구원하신 하나님의 구원의 법은 인류의 초창기부터 세워진 교회, 즉 "어려서 취한 아내"에게 주셨던 하나님의 구원의 법도(法道)입니다. 이 구원의 법도는 영원히 변하지 않는 진리의 복음이며 "생명의 성령의 법"(롬 8:2)입니다. 아담은 두 아들에게 진리의 복음을 전해 주었지만, 가인은 하나님의 구원의 법도를 믿지 않고 자기 생각을 따라 땅의 소산으로 예물을 삼아 하나님께 제사를 드렸습니다. 가인이 드렸던 "땅의 소산"이란 자기의 의, 즉 인간의 노력과 공로를 지칭합니다. 인간의 의와 공로로 자기의 죄가 사해지거나 가려질 수 있겠습니까? 결코 그럴 수 없습니다.

가인과 달리 아벨은 자기의 근본 모습이 얼마나 악하고 추한지를 알고 인정했습니다. 자기의 의라는 것은 하나님 앞에서는 헌 옷과 같다는 사실을 아벨은 인정했기에 "하나님, 저는 지옥 가야 마땅한 자입니다. 저에게는 의로운 것이 하나도 없습니다. 하나님, 저를 불쌍히 여겨 주십시오" 하고 하나님의 긍휼을 구하며 하나님께 나아갔습니다. 심령이 가난한 아벨은 자기의 아버지 아담에게서 들은 복음을 붙들 수밖에 없었습니다. 자기는 지옥에 갈 수밖에 없는 자인데 하나님께서 장차 당신의 외아들을 흠 없는 어린양으로 보내 주셔서 안수의 방법으로 그 어린양에게 자기의 죄를 다 넘기고 그 어린양을 대신 심판함으로 자기를 모든 죄에서 온전히 구원하신다는 구원의 복음을 아벨은 믿었습니다. 그래서 아벨은 양의 첫 새끼와 그 기름을 믿음의 제물(祭物)로 들고 하나님께 나아갔습니다. **"아벨은 자기도 양의 첫 새끼와 그 기름으로 드렸더니"**(창 4:4)라는 말씀에서, **"양의 첫 새끼"**란 하나님의 외아들이신 예수 그리스도를 의미합니다. 그리고 **"그 기름"**은 성령을 의미합니다. 다듬지 않은 돌로 쌓은 제단 위에, 즉 성령께서 깨닫게 하는 진리의 복음을 좇아서 자기의 있는 모습 그대로, 아벨은 양의 첫 새끼의 머리에 안수(按手)를 하고 잡아서 하나님께 번제로 제사를 드렸습니다.

하나님께서는 다듬지 않은 돌로 제단을 쌓으라고 하셨고 또 계단으로 그 단에 오르지 말라고 명하셨습니다. 돌을 다듬어서 제단을 쌓으면 이것은 인간의 공로이고 노력입니다. 즉 다듬지 않은 돌로 쌓은 제단은 하나님께로부터 **"죄 사함으로 말미암는 구원"**(눅 1:77)을 받는 데에 우리의 공로가 전혀 포함되지 않는다는 뜻입니다. **"죄 사함으로 말미암는 구원"**은 100% 하나님의 선물입니다. 우리가 죄 사함의 은총을 입는 데에는 우리 인간의 노력이나 정성이나 공로나 희생이 개입할 여지가 전혀 없습니다. 복음에는 우리의 의(義)나 공로가 끼어들

자리가 전혀 없습니다.

또한 "너는 충계로 내 단에 오르지 말라 네 하체가 그 위에서 드러날까 함이니라"(출 20:26)고 말씀하셨습니다. 이는 자기를 단계적으로 성화시켜서 하나님께로부터 구원을 받으려고 도모하지 말라는 뜻입니다. 기독교 교리 중에는 "7 단계 성화론"이 있습니다. 존 번연(John Bunyan)이라는 영국인이 저술한 『천로역정』이라는 책이 기독교인들에게 필독서로 되어 있습니다. 이 책의 원제목은 『이 세상에서부터 오는 세상으로의 순례자의 여정』(The Pilgrim's Progress from This World to That Which is to Come)인데, 저자 존 번연이 감옥생활을 하면서 쓴 이 책은 지금도 최고의 기독교 문학이자 영적 안내서로 평가를 받고 있습니다. 이 책의 줄거리는 "기독교인이 부단히 성화를 이루어 나가면 끝내 죄 짐이 벗겨지며 천국 문에 도달한다"라는 내용입니다. 즉 이 책은 참된 기독교인은 부단한 성화(聖化)의 과정을 거쳐서 구원을 받는다고 역설하고 있습니다.

그러나 그러한 단계적 성화(聖化)에 주력하는 기독교인들은 절대로 **"죄 사함으로 말미암는 구원"**(눅 1:77)을 받지 못합니다. 사람이 새벽 기도를 열심히 하고 죄를 짓지 않으려고 노력하고 혹시라도 죄를 지으면 금식하며 회개 기도를 하면 죄 사함을 받고 하나님의 나라에 들어갈 수가 있습니까? 저도 금식을 참 많이 해봤습니다. 죄를 짓지 않으려고 부단히 몸부림도 쳐 보았습니다. 그러나 무슨 짓을 해도 저는 죄를 지을 수밖에 없었고 제 마음의 죄는 결코 없어지지 않았습니다. 하나님께서는 이미 옛적에 **"너는 충계로 내 단에 오르지 말라 네 하체가 그 위에서 드러날까 함이니라"**(출 20:26)고 말씀하셨습니다. 7 성화의 계단을 하나하나 올라가서 하나님을 만나고자 하면 자기의 죄(수치)만 드러납니다. 성화(聖化)의 과정을 통해서는 절대로 **"구속**

곧 죄 사함"(엡 1:7)을 받지 못합니다. 사람이 거룩하게 되는 것(성화, Sanctification)은 오직 **"물과 피로 임"**(요일 5:6)하신 예수 그리스도의 구속의 은혜를 믿음으로 단번에 이루어지는 하나님의 역사입니다.

유일한 무형 교회(無形敎會)인 하나님의 교회

하나님의 교회는 아담의 시대부터 있었습니다. 하나님께서는 범죄한 아담에게 당신의 구원의 복음을 주셔서 죄 사함을 받게 하시고 그의 믿음 위에 하나님의 교회를 세워 주셨습니다. 고대(古代)의 하나님의 교회가 **"어려서 취한 아내"**(말 2:14-15)입니다. 그리고 하나님의 교회는 인류의 역사 전체를 통해서 하나입니다. **"여호와는 영이 유여하실찌라도 오직 하나를 짓지 아니하셨느냐 어찌하여 하나만 지으셨느냐 이는 경건한 자손을 얻고자 하심이니라 그러므로 네 심령을 삼가 지켜 어려서 취한 아내에게 궤사를 행치 말찌니라"**(말 2:15)고 말씀하셨습니다. 전 세계적으로 거듭난 의인들의 모임인 하나님 교회는 딱 하나입니다.

하나님의 교회에는 교파(敎派)가 없습니다. 육신의 욕망을 좇는 자들이 하나님의 교회 안에 들어와서 당(黨)을 지으면서 생겨난 것이 교파입니다. 그들은 하나님의 교회에서 당을 지어 나간 자들이기에 더 이상 하나님의 교회에 속하지 않습니다. **"저희 중에 남의 집에 가만히 들어가 어리석은 여자를 유인하는 자들이 있으니 그 여자는 죄를 중히 지고 여러가지 욕심에 끌린 바 되어 항상 배우나 마침내 진리의 지식에 이를 수 없느니라"**(딤후 3:6-7)고 지적된 무리가 바로 교파를 만든 이단의 무리들입니다. 그들은 **"진리의 지식"**인 구원의 참 복음에는 관심도 없고, 하나님의 말씀을 경외하지도 않기 때문에 진리의 복음을 깨달을 수도 없습니다. 고린도 교회에도 "나는 게바(베드로)에게 속했다, 나는 바울에게 속했다, 혹은 나는 아볼로에게 속했다"라는 파당(派黨)이 생겨나서 주도권 싸움을 했었는데, 사도 바울은 그들을 준엄하게 책망하면서 "형제들아 내가 우리 주 예수 그리스도의 이름으로 너희를 권하노니 다 같은 말을 하고 너희 가운데 분쟁이 없이 같은 마음과 같은 뜻으로 온전히 합하라"(고전 1:10)고 권면하였습니다.

"몸이 하나이요 성령이 하나이니 이와 같이 너희가 부르심의 한 소망 안에서 부르심을 입었느니라 주도 하나이요 믿음도 하나이요 세례도 하나이요 하나님도 하나이시니 곧 만유의 아버지시라 만유 위에 계시고 만유를 통일하시고 만유 가운데 계시도다"(엡 4:4-6). "물과 피의 복음"을 믿어서 거룩하여진 성도들의 모임만이 하나님의 교회입니다. 예수님의 세례와 십자가의 피를 믿어서 죄 사함을 받은 의인들의 모임인 하나님의 교회는 전 세계적으로 하나뿐입니다. "어찌하여 하나만 지으셨느냐 이는 경건한 자손을 얻고자 하심이니라"(말 2:15) - 거룩한 성도인 하나님의 자손들을 낳기 위해서 하나님께서 친히 세우신 교회는 전 세계에 하나밖에 없습니다.

"어려서 취한 아내"인 하나님의 교회

하나님께서 "어려서 취한 아내"인 하나님의 교회는 신약시대에 이르러 오순절의 역사를 통해서 크게 일어났습니다. 예수님의 부활을 목격한 사도들을 비롯해서 백이십 명 정도 제자들이 주님의 명령에 따라 모여서 기도하고 있었는데, 그때에 "홀연히 하늘로부터 급하고 강한 바람 같은 소리가 있어 저희 앉은 온 집에 가득하며 불의 혀 같이 갈라지는 것이 저희에게 보여 각 사람 위에 임하여"(행 2:2-3) 그들은 모두 성령의 충만함을 입었습니다. 그들은 성령의 능력으로 거리로 뛰쳐나가서 복음을 전파하기 시작했습니다. 이스라엘 명절 중의 하나인 오순절(五旬節)에는 지중해 연안에 흩어져 살고 있던 유대인들이 하나님께 경배를 드리러 예루살렘에 모였었는데, 성령의 충만함을 입은 베드로가 **"너희가 십자가에 못 박은 이 예수를 하나님이 주와 그리스도가 되게 하셨느니라"**(행 2:36) 하고 담대하게 복음을 선포했습니다. 다른 제자들도 각기 다른 방언(方言)으로 진리의 복음을 전파했습니다. 그때에 모여 섰던 유대인들은 몇 세대에 걸쳐서 이방 땅에서 살았기 때문에 히브리어를 잊어버린 자들이었는데 하나님께서는 당신의 종들에게 능력을 베푸셔서 각기 다른 방언(외국어)으로 **"하나님의 큰 일"**(행 2:11)을 말하게 하셨습니다.

"하나님께서 행하신 큰 일"이 무엇이겠습니까? **"하나님의 큰 일"**은 진리의 원형복음(原形福音)입니다. 하나님께서는 당신의 외아들을 육신의 몸으로 보내서 인류의 대표자에게 세례를 받게 하심으로 **"세상 죄를 지고 가는 하나님의 어린양"**(요 1:29)이 되게 하셨고, 예수님은 받으신 세례로 인류의 모든 죄를 담당하신 채로 십자가에 못 박히셔서 온몸의 피를 다 쏟으시고 **"다 이루었다"**(요 19:30)라고 외치신 후 돌아가심으로 우리 모든 인류를 죄에서 온전히 구원하셨습니다. 이 구원의 복음을 들은 사람들은 마음에 찔림을 받고 **"형제들아 우리가 어찌할꼬"**(행 2:37) 하며 하나님의 긍휼을 구했습니다. 베드로는 그들에게 **"너희가 회개하여 각각 예수 그리스도의 이름으로 세례를 받고 죄 사함을 얻으라 그리하면 성령을 선물로 받으리니"**(행 2:38) 하고 선포했습니다. 저들은 각각 자기가 지옥에 가야 할 죄인인 것을 시인하고 예수 그리스도의 이름을 믿어 죄 사함을 받았고 성령을 선물로 받았습니다.

누구든지 죄 사함을 받아야 마음에 성령님을 선물로 받습니다. 성령은 거룩한 하나님이시기 때문에 죄가 있는 마음에는 절대로 들어가시지 않습니다. 여러분이 만일 어떤 집에 초청을 받았는데 그 집 안이 똥으로 칠갑을 했다고 생각해 보십시오. 그러면 여러분이 그 집에 들어가서 머물겠습니까? 여러분이 똥으로 칠갑을 한 방에서 식사를 하겠습니까? 식사는커녕 들어가지도 않을 것입니다. 그런데 하물며 거룩하신 성령님께서 똥보다 더 더러운 죄가 버글버글한 자의 마음에 들어가시겠습니까? 성령님은 물과 피의 복음을 믿음으로 모든 죄가 깨끗이 씻긴 의인의 마음에만 들어가셔서 좌정하시고 그의 삶을 의의 길로 인도하십니다.

초대교회의 탄생과 복음의 변질

오순절 날에 진리의 복음을 믿음으로 죄 사함을 받은 자들은 예수 그리스도의 이름으로 세례를 받고 하나님의 교회의 일원이 되었는데, 그날에 구원을 받은 성도(聖徒)가 삼천 명이나 되었습니다. 이 역사로 인하여 말라기 선지자의 시대에 맥이 끊어졌던 하나님의 교회는 신약시대의 초대교회로 그 명맥을 잇게 되었습니다. 신약시대에 다시 싹이 튼 하나님의 교회도 그 뿌리는 하나님께서 아담에게 세워 주신 **"어려서 취한 아내"**의 교회입니다. 성령강림의 역사가 있었던 그 오순절은 신약교회 생일날입니다. 이렇게 형성된 교회의 성도들은 날마다 모여서 예배를 드리며 하나님을 찬양했습니다.

그런데 초대교회의 역사가 약 300년 흐르는 동안에 사단 마귀는 끊임없이 복음을 변질시키는 작업을 했습니다. 초대교회 시대를 지나 사도들이 다 죽은 후에 교부 시대가 되면서 이미 교회가 망가지기 시작했습니다. 사단은 **"물과 피의 복음"**이 아닌 **"십자가의 피만의 복음"** 이라는 사이비(似而非) 복음을 기독교 안에 유포시켰습니다. 사단 마귀의 조종을 당한 거짓 선지자들이 생명이 없는 쭉정이의 복음을 뿌려서 생명이 역사해야 할 교회 안에 사망이 역사하게 되었습니다. 말라기 시대의 패역한 제사장들처럼, 타락한 종교 지도자들은 하나님의 진리의 말씀을 그 입술에 지키지 않았고 하나님의 말씀에 세상의 철학을 섞어서 각종 교리를 만들어서 그것들로 진리의 복음을 대체(代替)시켰습니다. 교회가 타락하면 반드시 세속화와 제도화라는 현상이 나타납니다. 로마제국의 비호를 받으면서 세속화(世俗化)되고 제도화(制度化)된 지상의 교회는 더 이상 하나님의 교회가 아니었습니다. 로마제국의 비호를 받았던 종교 지도자들은 명예와 재물을 쫓아갔습니다. 그들의 후예가 오늘날 교파주의에 속한 교회들인데, 이러한 교파주의 교회들은 이미 하나님의 교회가 아닙니다. 그들은 더 이상 하나님께서 **"어려서 취한 아내"**에 속한 성도들이 아닙니다.

　오늘날의 사역자들도 손에는 성경을 펴들고 하나님의 말씀이라며 외치고 있지만 사실 그들이 마음속으로 사모하고 추구하는 것은 돈과 명예와 권력입니다. 오늘날의 교회들은 믿지 않는 자들과 똑같이 세상의 가치인 3 P's(property, prestige, power), 즉 재물과 명예와 권력을 쫓고 있습니다. 세상 교회에는 초대형 예배당을 짓고 각종 수익사업을 해서 많은 부를 축적해서 자기 자식에게 물려주는 속물(俗物) 목사들이 적지 않습니다. 지금도 여전히 죄 사함을 받지 못해서 성령을 받지 못한 영적 소경들이 목회를 한답시고 요란을 떨고 있으며 사람들에게 편벽(偏僻)된 온갖 거짓말을 지어내서 영혼들을 미혹하고 있습니다. 그렇게 해서 교인들을 많이 끌어모아 대형교회를 이루는 것이 거의 모든 목회자들의 로망이고 목표입니다. 그러니 오늘날의 교회들이 세상 사람들로부터 "개독교"라고 지탄을 받는 것도 당연한 일입니다. 예수님께서는 당신의 교회가 세상의 빛과 소금이라고 선포하셨는데, 현존하는 교회들은 빛이 되기는커녕 어두움이고 소금이기는커녕 부패의 온상입니다.

이처럼 타락한 제사장들의 적폐는 하나님께서 구약시대에 이미 다 지적하셨습니다. **"이스라엘의 하나님 여호와가 이르노니 나는 이혼하는 것과 학대로 옷을 가리우는 자를 미워하노라"**(말 2:16). 여호와 하나님께서는 당신이 세워 주신 유일한 교회인 **"어려서 취한 아내"**를 버리는 것을 절대로 용납하지 않습니다. 하나님께서는 또한 거듭나지 못한 거짓 목자들이 하나님의 교회를 핍박하고 공격하는 것을 미워하십니다. 저들은 이런 짓을 하고도 "언제 우리가 하나님을 괴롭게 했느냐?" 하며 반문했습니다. 그리고 자기들끼리 쑥덕거리며 **"모든 행악하는 자는 여호와의 눈에 선히 보이며 그에게 기쁨이 된다"**(말 2:17)라고 서로의 악행을 미화(美化)하고 격려했습니다. 오늘날의 타락한 기독교 지도자들도 하나님을 믿지도 않고 경외하지도 않기 때문에 그렇게 방자히 행합니다. 그들은 여신도들을 성폭행하기도 하고 교회의 재산을 마음껏 도둑질하면서도 눈 하나 꿈쩍하지 않습니다. 진정으로 하나님을 믿는 사람은 하나님을 경외(敬畏)합니다. 그러나 소경된 인도자들은 하나님을 믿지 않기 때문에 수백억 원을 들여서 예배당을 짓고 그 안에서 담대히 왕 노릇을 하고 있습니다.

초대교회 시대에는 지금과 같은 대형 예배당 건물이 따로 없었습니다. 그들은 비교적 큰 방이 있는 성도의 집에 모여서 예배를 드리고 함께 음식을 나누어 먹었습니다. 마가(Mark)의 다락방이라고 들어보셨죠? 요한 마가의 집에 큰 다락방이 있었는데, 사도들과 성도들이 그의 집에 모여서 예배를 드리고 교제의 떡을 나누었습니다. 사도 바울의 서신들을 읽어 보면 **"아시아의 교회들이 너희에게 문안하고 아굴라와 브리스가와 및 그 집에 있는 교회가 주 안에서 너희에게 간절히 문안하고"**(고전 16:19)라든지 **"라오디게아에 있는 형제들과 눔바와 그 여자의 집에 있는 교회에 문안하고"**(골 4:15)라는 말씀들이 있습니다. 초대교회의 성도들은 그렇게 각 집에 모여서 예배를 드리고 유무상통(有無相通)의 아름다움 삶을 살았습니다. 그런데 현대사회에서는 개인 집의 공간에는 제약이 있고 주변 사람들의 항의도 있을 수 있으므로 부득이 예배당을 짓거나 임대해서 성도들이 예배를 드리게 되었습니다. 그러나 교회는 결코 건물이 아닙니다. 예배당은 성도들이 모여서 예배를 드리고 교제하는 장소에 불과하고, 교회란 예수 그리스도의 원형복음을 믿음으로 죄 사함을 받아서 거룩해진 성도들의 모임입니다.

하나님의 교회는 둘이 아닙니다. 하나님께서 역사의 처음부터 세워 주신 교회, 즉 **"어려서 취한 아내"**(말 2:14) 는 하나밖에 없습니다. 어찌하여 하나님은 둘을 세우지 않고 하나만 세우셨습니까? 하나님의 교회는 진리의 복음으로 세우는 것이니 진리가 하나인데 어떻게 다른 교회가 있을 수 있겠습니까? 진리의 원형복음을 믿고 좇는 교회는 전 세계적으로 하나뿐입니다. 다른 복음이 없듯이 다른 교회는 없습니다. **"물과 피의 복음"** 즉 진리의 원형복음이 아닌 **"반쪽짜리 복음"**을 믿는 무리는 하나님 교회가 아닙니다. 하나님 교회는 죄 사함 받아 거룩해진 성도(聖徒)의 모임이며 하나님께서 **"어려서 취한 아내"**입니다. 어려서 취한 아내가 할 일이 무엇입니까? 하나님의 말씀을 전파함으로 부지런히 영적인 잉태를 하고 경건한 자손을 부지런히 낳는 일입니다. **"여호와는 영이 유여하실찌라도 오직 하나를 짓지 아니하셨느냐 어찌하여 하나만 지으셨느냐 이는 경건한 자손을 얻고자 하심이니라"**(말

2:15)-하나님께서 당신의 교회로 **"오직 하나를 지으신"** 이유는 유일한 하나님의 교회를 통해서 경건한 자손을 많이 낳으라고 그렇게 하신 것입니다.

여러분 중에 아직도 마음에 죄가 있는 분이 있습니까? 마음에 죄가 있으면 아무리 예수님을 오래 믿었어도 지옥 불에 들어갑니다. **"죄의 삯은 사망"**(롬 6:23)이기 때문입니다. 우리는 먼저 진리의 복음을 믿음으로 죄 사함을 받아야 합니다. 그래야만 성령님을 선물로 받고 하나님의 뜻을 좇아갈 수 있습니다. 누구든지 물과 성령으로 거듭나야만 마음의 우상을 제하고 하나님의 말씀을 믿음으로 좇을 수 있다는 말씀입니다. **"물과 피로 임"**(요일 5:6)하신 예수 그리스도를 만나기 전에는, **"죄 사함으로 말미암는 구원"**(눅 1:77)을 받기 전에는, 누구도 결코 세상을 이길 수 없습니다.

여러분 가운데 말씀의 사역자들이 있습니까? 하나님의 종들은 레위 족속 제사장들과 같이 입술에 진리의 지식을 지켜야 합니다. 그래서 옛적 믿음의 조상들이 드렸던 거룩한 의의 제사를 드려야 합니다. 그러면 여러분들을 통해서 많은 영혼들이 하나님께로 돌아와 죄 사함을 받고 함께 하나님을 찬양하게 될 것입니다.

말씀을 마쳤습니다.

세례 요한과 메시아를 보내시겠다는 약속

"만군의 여호와가 이르노라 보라 내가 내 사자를 보내리니 그가 내 앞에서 길을 예비할 것이요 또 너희의 구하는바 주가 홀연히 그 전에 임하리니 곧 너희의 사모하는바 언약의 사자가 임할 것이라

그의 임하는 날을 누가 능히 당하며 그의 나타나는 때에 누가 능히 서리요 그는 금을 연단하는 자의 불과 표백하는 자의 잿물과 같을 것이라

그가 은을 연단하여 깨끗케 하는 자 같이 앉아서 레위 자손을 깨끗케 하되 금, 은 같이 그들을 연단하리니 그들이 의로운 제물을 나 여호와께 드릴 것이라

그 때에 유다와 예루살렘의 헌물이 옛날과 고대와 같이 나 여호와께 기쁨이 되려니와

내가 심판하러 너희에게 임할 것이라 술수하는 자에게와 간음하는 자에게와 거짓 맹세하는 자에게와 품군의 삯에 대하여 억울케 하며 과부와 고아를 압제하며 나그네를 억울케 하며 나를 경외치 아니하는 자들에게 속히 증거하리라 만군의 여호와가 말하였느니라

나 여호와는 변역지 아니하나니 그러므로 야곱의 자손들아 너희가 소멸되지 아니하느니라

만군의 여호와가 이르노라 너희 열조의 날로부터 너희가 나의 규례를 떠나 지키지 아니하였도다 그런즉 내게로 돌아오라 그리하면 나도 너희에게로 돌아가리라 하였더니 너희가 이르기를 우리가 어떻게 하여야 돌아가리이까 하도다"(말 3:1-7).

메시아 도래의 약속

"만군의 여호와가 이르노라 보라 내가 내 사자를 보내리니 그가 내 앞에서 길을 예비할 것이요 또 너희의 구하는 바 주(主)가 홀연히 그 전(殿)에 임하리니 곧 너희의 사모하는 바 언약의 사자가 임할 것이라"(말 3:1).

이제 하나님께서는 장차 이루실 구원의 큰 역사에 대하여 말씀하십니다. 이 약속의 말씀에는 두 분, 즉 세례 요한과 예수님이 등장하는데, 이 말씀은 신약성경에도 여러 번 인용(마 11:10, 막 1:2, 눅 7:27)되었습니다. 만군의 여호와께서 **"내가 내 사자를 보내리니"** 하고 약속하신 부분에서, **"내 사자(My messenger)"** 는 세례 요한을 지칭합니다. **"그가 내 앞에서 길을 예비할 것이요"** -세례 요한은 주님보다 6개월 앞서 보내심을 받고서 하나님의 구원의 길을 예비한 하나님의 종입니다.

세례 요한은 자신을 가리켜 **"나는 선지자 이사야의 말과 같이 주의 길을 곧게 하라고 광야에서 외치는 자의 소리로라"**(요 1:23)라고 친히 자기에 대해 증거했던 것처럼, 세례 요한은 메시아의 길을 예비하라고 보내심을 받은 하나님의 사자(使者)입니다. 그는 구원자로 오시는 예수 그리스도께서 모든 이들의 마음에 들어갈 수 있도록 주의 길을 예비하는 사역을 담당하였습니다. 이 말씀은 말라기 선지자에 앞서서 이사야 선지자를 통해서 이미 약속하신 하나님의 말씀입니다.

"외치는 자의 소리여 가로되 너희는 광야에서 여호와의 길을 예비하라 사막에서 우리 하나님의 대로를 평탄케 하라 골짜기마다 돋우어지며 산마다, 작은 산마다 낮아지며 고르지 않은 곳이 평탄케 되며 험한 곳이 평지가 될 것이요 여호와의 영광이 나타나고 모든 육체가 그것을 함께 보리라 대저 여호와의 입이 말씀하셨느니라"(사 40:3-5).

하나님께서는 말라기서 4장에서도 "보라 여호와의 크고 두려운 날이 이르기 전에 내가 선지 엘리야를 너희에게 보내리니"(말 4:5) 하고 이 약속의 말씀을 다시 한번 확인해 주셨습니다. 하나님이 예수님보다 먼저 보내실 사자(使者)는 엘리야와 같은 사역을 담당할 자라는 뜻입니다. 세례 요한은 외모도 엘리야를 연상(聯想)시켰습니다. 성경은 엘리야의 형상에 대해서 **"그는 털이 많은 사람인데 허리에 가죽 띠를 띠었더이다"**(왕하 1:8)라고 기록하고 있는데, 세례 요한의 외모와 음식에 대해서는 **"이 요한은 약대 털옷을 입고 허리에 가죽띠를 띠고 음식은 메뚜기와 석청이었더라"**(마 3:4)라고 기록하고 있습니다.

또한 세례 요한의 사역도 엘리야의 사역과 흡사했습니다. 그래서 예수님께서는 하나님께서 말라기서에 약속하셨던 **"오리라 한 엘리야가 곧 이 사람이니라"**(마 11:14)고 증거하셨습니다. 아합 왕 시대의 하나님의 종 엘리야는 갈멜산에서 바알의 선지자 및 아세라의 선지자 850명과 대결하여 하나님만이 참 신(神)이신 것을 입증하였습니다. 엘리야는 도망치던 거짓 선지자들을 쫓아가서 모두 척살하고 우상 숭배에 빠진 이스라엘 백성들의 마음을 하나님께로 돌이키게 했습니다. 세례 요한도 이스라엘의 영적인 흑암기에 엘리야의 심령을 품은 자로 하나님의 보내심을 받았습니다. 그는 이스라엘 백성들에게 "하나님께로 돌이키라"라고 외쳤습니다. 그래서 세례 요한은 자기의 외침을 듣고 회개한 자들에게 회개의 표로 세례를 베풀면서 자기 뒤에 오시는 메시아를 소개했습니다: **"나는 물로 세례를 주거니와 너희 가운데 너희가 알지 못하는 한 사람이 섰으니 곧 내 뒤에 오시는 그이라 나는 그의 신들메 풀기도 감당치 못하겠노라"**(요 1:26-27).

세상 죄를 예수님에게 넘긴 세례 요한의 사역

"이 때에 예수께서 갈릴리로서 요단강에 이르러 요한에게 세례를 받으려 하신대 요한이 말려 가로되 내가 당신에게 세례를 받아야 할 터인데 당신이 내게로 오시나이까 예수께서 대답하여 가라사대 이제 허락하라 우리가 이와 같이 하여 모든 의를 이루는 것이 합당하니라 하신대 이에 요한이 허락하는지라 예수께서 세례를 받으시고 곧 물에서 올라 오실째 하늘이 열리고 하나님의 성령이 비둘기 같이 내려 자기 위에 임하심을 보시더니 하늘로서 소리가 있어 말씀하시되 이는 내 사랑하는 아들이요 내 기뻐하는 자라 하시니라"(마 3:13-17).

세례 요한의 사역 중에 가장 크고 귀한 사역은 예수님에게 베푼 세례의 사역입니다. "그 세례"(the Baptism, 행 10:37)가 우리 인류의 모든 죄를 예수님께로 넘긴 역사입니다. 세례 요한이 회개하고 하나님께 돌아온 백성들에게 요단강에서 세례를 베풀고 있을 때에, 예수님께서 그에게 나아오셔서 당신에게 세례를 베풀라고 요한에게 청하셨습니다. 세례 요한은 자기 앞에 서신 분이 육신을 입고 오신 성자(聖子) 하나님인 줄을 곧 깨닫고 당황한 나머지 **"내가 당신에게 세례를 받아야 할 터인데 당신이 내게로 오시나이까"** 하고 황급히 예수님께 머리를 조아렸습니다. 그러자 예수님께서는 요한에게 준엄하게 명령하셨습니다.

"이제 허락하라 우리가 이와 같이 하여 모든 의를 이루는 것이 합당하니라"(마 3:15).

"이제 허락하라"라는 말씀은 "이제 너는 내 머리에 안수의 형식으로 세례를 베풀어라"라는 주님의 명령입니다. 안수(按手, laying on of hands)란 죄를 희생의 제물에게로 넘기는 하나님의 공의한 법입니다. 구약시대에는 대속죄일(大贖罪日)에 대제사장 아론이 이스라엘 백성 전체를 대표해서 아사셀 염소의 머리에 안수함으로써 이스라엘 백성이 지난 일 년 동안 지은 모든 죄를 그 희생제물에게 넘겼습니다 (레 16:20-22). 이러한 대속죄일의 제사는 **"장차 오는 좋은 일의 그림자"**(히 10:1)였습니다. 즉 대속죄일의 제사는 예수님께서 당신의 육체를 제물로 삼아 드려 주신 **"한 영원한 제사"**(히 10:12)의 예고편이었다는 말씀입니다.

"한 영원한 제사"의 예고편인 구약의 속죄제사

 "이는 성경대로 그리스도께서 우리 죄를 위하여 죽으시고 장사 지낸바 되었다가 성경대로 사흘만에 다시 살아나"(고전 15:3-4)셔서 우리를 모든 죄에서 구원하신 복음의 시작이 바로 인류의 대표자인 세례 요한이 안수의 형식으로 예수님께 베푼 세례라는 뜻입니다. 고린도전서가 쓰여질 당시에는 신약성경은 아직 완성되기 전입니다. 따라서 사도 바울이 말한 성경은 구약성경을 의미합니다. 구약성경에 기록된 대속(代贖)의 제사법은 하나님께서 레위 족속 제사장들과 세운 구원의 언약입니다.

 "만일 평민의 하나가 여호와의 금령 중 하나라도 부지중에 범하여 허물이 있었다가 그 범한 죄에 깨우침을 받거든 그는 흠 없는 암염소를 끌고 와서 그 범한 죄를 인하여 그것을 예물로 삼아 그 속죄제 희생의 머리에 안수하고 그 희생을 번제소에서 잡을 것이요 제사장은 손가락으로 그 피를 찍어 번제단 뿔에 바르고 그 피 전부를 단 밑에 쏟고 그 모든 기름을 화목제 희생의 기름을 취한 것같이 취하여 단 위에 불살라 여호와께 향기롭게 할지니 제사장이 그를 위하여 속죄한즉 그가 사함을 얻으리라"(레 4:27-31).

이스라엘 백성 중 하나가 그릇 범죄하고 자기의 죄를 깨닫게 되었거든 그는 흠 없는 암염소를 끌고 제사장에게 나가야 했습니다. 그리고 그는 제사장이 보는 앞에서 그 제물의 머리에 안수해서 자기의 죄를 그 제물에게 넘겨야 했습니다. 이와 같이 안수(按手)는 죄를 제물에게 넘기는 하나님의 공의한 법입니다. 이제 그 사람은 안수를 통해서 죄를 담당한 암염소의 목을 칼로 따고 그 피를 받아서 제사장에게 주면, 제사장은 그 피를 번제단 뿔에 바르고 남은 피는 번제단 밑 땅에 쏟았습니다. 이는 생명의 피로써 하나님의 심판 책에 기록된 죄와 자기의 마음 판에 기록된 죄를 도말(塗抹)해 주셨음을 믿음으로 고백하는 예식이었습니다.

이와 같이 하나님께서 기뻐하며 받으시는 속죄의 제사는 다음의 **세 가지 조건이 반드시 충족되어야 했습니다: 1) 흠 없는 제물, 2) 안수-죄를 넘김, 3) 피 흘림-죄의 값을 지불함.** 그런데 예수님은 전 인류의 대속제물이 되기 위해서 사람의 몸을 입고 오신 하나님의 독생자입니다. 성자(聖子) 하나님께서 처녀 마리아의 몸에서 육신만 취하고 이 땅에 오신 분이 예수님이니, 예수님은 죄를 알지도 못하는 거룩한 분이시고 **"흠 없는"** 합격 제물이었습니다.

"하나님의 어린양" 즉 흠 없는 제물로 오신 예수님에게 인류 전체의 모든 죄를 넘기는 안수를 베푼 이가 있었습니다. 그가 바로 인류의 대표자인 세례 요한입니다. 예수님께서 친히 세례 요한에 대하여 **"여자가 낳은 자 중에 세례 요한보다 큰이가 일어남이 없도다"(마 11:11)**라고 증거하셨으니, 그는 분명히 인류의 대표자입니다. 대제사장 아론의 후손이며(눅 1:5) 인류의 대표자인 세례 요한은 **"이제 허락하라 우리가 이와 같이 하여 모든 의를 이루는 것이 합당하니라"(마 3:15)**고 말씀하신 주님의 명령에 순종해서 흠 없는 어린양으로 오신 예수님의 머리에 안수의 형식으로 세례를 베풀었습니다. 이때에 전 인류의 모든 죄가 단번에 예수님께로 넘어가서 이 땅에는 **"모든 의"**가 이루어졌습니다. 그래서 예수님께서 세례를 받으신 이튿날에 세례 요한은 자기의 앞을 지나가시는 주님을 가리키며 **"보라 세상 죄를 지고 가는 하나님의 어린양이로다"**(요 1:29)라고 자기의 제자들에게 증거했습니다. 예수님께서 세례 요한에게 받으신 세례로 우리 모두의 죄와 허물이 예수님에게 다 넘어갔기 때문에 이 땅에는 **"모든 의"**가 이루어졌습니다. 이것은 사실(fact)입니다.

이제 예수님께서는 세례 요한에게 받으신 세례로 세상의 모든 죄를 짊어지셨기에 십자가로 가셨습니다. 그리고 주님은 십자가에 못 박혀서 여섯 시간 동안 절규하시며 당신의 모든 피를 흘려 주심으로써 우리 인류의 모든 죄를 대속(代贖)해 주셨습니다. 주님께서는 당신의 보혈로 우리의 죄를 다 속량하신 것을 확인하시고 마지막으로 **"다 이루었다"**(요 19:30)라고 크게 외치신 후 숨을 거두셨습니다.

하나님의 아들 예수님께서는 **"물과 피로 임"**(요일 5:6)하셔서 우리의 모든 죄를 없애 주셨습니다. 그래서 성경은 예수님을 가리켜 **"이는 물과 피로 임하신 자니 곧 예수 그리스도시라 물(세례)로만 아니요 물과 피(십자가)로 임하셨고 증거하는 이는 성령이시니 성령은 진리니라 증거하는 이가 셋이니 성령과 물과 피라 또한 이 셋이 합하여 하나이니라"**(요일 5:6-7)라고 증거합니다. 성령은 예수님이 하나님의 아들이라고 증거합니다. 물은 예수님께서 세례를 받으셔서 인류의 모든 죄와 허물을 단번에 담당하셨다고 증거합니다. 피는 예수님께서 십자가에서 피를 흘리시고 돌아가심으로 우리의 모든 죄의 대가를 지불하셨다고 증거합니다. 이와 같이 성경은 예수님께서 받으신 세례와 십자가의 피로 우리를 모든 죄에서 온전히 구원하셨다고 증거합니다.

"성령과 물과 피"의 세 증거를 다 선포하는 복음이 온전한(하나인) 복음입니다. 이는 너무 분명한 진리의 말씀입니다. 만일 이 세 증거 중에서 한 가지라도 빼버린다면 **"하나"**가 될 수 있겠습니까? 화로의 다리는 세 개입니다. 그래서 고대(古代) 중국의 세 나라, 즉 위(魏)나라, 오(吳)나라, 촉(蜀)나라가 대결했던 형국을 "정족지세"(鼎足之勢)라고 부릅니다. 여기에 쓰인 "정족"(鼎足)은 화로의 세 다리라는 뜻인데, 세 개의 다리가 딱 균형을 이루고 있는 화로는 절대로 뒤뚱거리지 않습니다. 만일 화로에서 다리 하나를 잘라 버린다면 화로가 어떻게 되겠습니까? 한쪽으로 쓰러지면서 불타는 숯이 쏟아지고 집은 불에 타버릴 것입니다.

이와 같이 **"성령과 물과 피"의 세 증거를 다 가지고 있는 복음이 진리의 원형복음입니다.** "성령과 물과 피"의 세 증거 중에서 어느 하나의 증거라도 빼버린 복음은 지옥 불의 심판을 자초하는 "사이비(似而非)" 가짜 복음입니다. 지금 대부분의 기독교인들은 **"물의 증거"**를 빼버리고 **"십자가의 피만의 복음"**을 믿습니다. 그런 복음은 "사이비"(似而非, 비슷하지만 아닌 것) 복음입니다. 성경은 예수님께서 **"물과 피로 임"**(요일 5:6)하셨다고 분명히 선포하는데, **"물"**은 빼버리고 **"피"**만 믿겠다고 고집을 부리는 것은 마치 자전거에서 앞바퀴를 떼어 버리고서 "이것이 온전한 자전거"라고 우기는 것과 마찬가지입니다. **"성령과 물과 피"**의 세 증거를 다 가지고 있는 복음이 진리의 원형복음입니다. 이 진리의 원형복음은 제가 지어낸 교리가 결코 아닙니다. 그것은 주님께서 친히 당신의 사도들과 제자들에게 주셨던 **"성경대로의 복음"**(고전 15:3)입니다. 저는 여러분들이 베뢰아(Berea) 사람들처럼 신사적으로 이 진리의 복음을 믿기 바랍니다.

주님은 보리떡 다섯 개와 물고기 두 마리로 오천 명을 먹이신 후에, 육신의 양식을 구하며 당신을 좇는 무리를 향하여, **"진실로 진실로 너희에게 이르노니 인자의 살을 먹지 아니하고 인자의 피를 마시지 아니하면 너희 속에 생명이 없느니라 내 살을 먹고 내 피를 마시는 자는 영생을 가졌고 마지막 날에 내가 그를 다시 살리리니 내 살은 참된 양식이요 내 피는 참된 음료로다"**(요 6:53-55)라고 말씀하셨습니다. 성경에서 주님의 **"살"**이나 **"몸"**은 예수님께서 육신을 입고 오셔서 받으신 세례를 계시합니다. 예수님께서 육신을 입고 오시지 않았다면, 하나님의 종 세례 요한이 어디에 안수를 해서 인류의 죄를 넘기겠습니까? 예수님께서는 친히 받으신 세례로 인류의 죄를 당신의 몸에 담당하셨기에, 주님께서 십자가에서 흘리신 피가 우리의 모든 죄의 값을 지불한 능력의 보혈이 되는 것입니다. 원인 없는 결과가 없듯이, 예수님의 피는 주님께서 받으신 세례의 결과입니다. 만일 예수님께서 받으신 세례가 없다면 십자가의 피는 우리와 아무 상관이 없습니다.

또한 예수님께서 제자들과 함께 마지막 유월절 만찬을 드시던 자리에서 주님은 성찬(聖餐)의 예식을 세워 주셨습니다. **"저희가 먹을 때에 예수께서 떡을 가지사 축복하시고 떼어 제자들을 주시며 가라사대 받아 먹으라 이것이 내 몸이니라 하시고 또 잔을 가지사 사례하시고 저희에게 주시며 가라사대 너희가 다 이것을 마시라 이것은 죄 사함을 얻게 하려고 많은 사람을 위하여 흘리는바 나의 피 곧 언약의 피니라"**(마 26:26-28). 떡으로 상징된 **주님의 몸**은 당신이 받으신 세례를, 포도주로 상징된 **주님의 피**는 십자가의 죽으심을 의미합니다. 예수님은 잡히시던 날 저녁에 제자들과 마지막 유월절 저녁을 드시면서 당신이 **"물과 피로 임"**(요일 5:6)하셔서 우리 인류를 모든 죄에서 온전히 구원하셨음을 영원히 기억하라고 성찬의 예식을 세워 주셨습니다.

　물은 병이나 그릇에 담아야 보존되듯이, 하나의 예식(禮式)은 어떤 소중한 내용을 오래도록 보존하기 위해서 세운 제도입니다. 성찬의 예식에 담긴 진리의 내용은 **"물과 피의 복음"**입니다. 사도 바울도 고린도 교회에 써 보낸 편지에서, **"내가 너희에게 전한 것은 주께 받은 것이니 곧 주 예수께서 잡히시던 밤에 떡을 가지사 축사하시고 떼어 가라사대 이것은 너희를 위하는 내 몸이니 이것을 행하여 나를 기념하라 하시고 식후에 또한 이와 같이 잔을 가지시고 가라사대 이 잔은 내 피로 세운 새 언약이니 이것을 행하여 마실 때마다 나를 기념하라 하셨으니 너희가 이 떡을 먹으며 이 잔을 마실 때마다 주의 죽으심을 오실 때까지 전하는 것이니라 그러므로 누구든지 주의 떡이나 잔을 합당치 않게 먹고 마시는 자는 주의 몸과 피를 범하는 죄가 있느니라"**(고전 11:23-27) 하고 선포했습니다. **"물과 피의 복음"**을 믿지 않고 성찬의 예식에 참여하는 자는 그 예식을 세워 주신 주님의 거룩한 뜻을 짓밟는 자입니다.

　여러분 가운데 "예수님의 세례는 우리의 구원에 아무 의미가 없다"라고 고집을 부리는 사람이 아직도 있습니까? 그런 사람은 구약의 속죄제사에서 안수를 받지 않은 제물을 잡아서 번제로 드려도 무방하다고 주장하는 것과 같습니다. 안수를 받지 않은 제물을 하나님께서 받으시겠습니까? 안수의 단계를 빼버린 제사는 불법(不法)의 제사입니다. 주님은 십자가의 피만을 복음이라고 고집하는 자들에게 **"내가 너희를 도무지 알지 못하니 불법을 행하는 자들아 내게서 떠나가라"**(마 7:23) 하고 지옥의 판결을 내리실 것입니다. 예수님께서 받으신 세례의 능력을 믿지 않는 자들은 자기의 죄가 예수님에게 넘어간 증거의 말씀이 없기 때문에, 그들의 마음에는 분명히 죄가 있습니다. 그래서 예수님의 피만으로 된 **"반쪽짜리 복음"**을 믿는 기독교인들은 모이기만 하면 먼저 회개 기도를 드립니다. 그들이 바로 **"눈물과 울음과 탄식으로 여호와의 단을 가리우게"**(말 2:13) 하는 자들입니다.

하나님의 진리의 복음으로 돌아오십시오

"그가 은을 연단하여 깨끗케 하는 자같이 앉아서 레위 자손을 깨끗케 하되 금, 은 같이 그들을 연단하리니 그들이 의로운 제물을 나 여호와께 드릴 것이라"(말 3:3).

주님께서는 하나님의 백성들을 거룩하게 하시려고 레위 자손, 즉 당신의 종들을 먼저 깨끗하게 하십니다. 하나님의 종은 아무나 될 수 있는 직분이 아닙니다. 진리의 원형복음인 **"물과 피의 복음"**을 믿어서 거듭나지 아니하면 결코 하나님의 종이 될 수 없습니다. 그러므로 마음에 죄가 있는 기독죄인들(Christian sinners)은 하나님의 종이 될 자격조차 없습니다. 우리는 모두 본래 구제불능의 존재들이 아닙니까? 우리는 죽었다 깨어나도 죄에서 벗어날 길이 없었던 자들이었는데, 하나님께서 우리를 불쌍히 여기셔서 하나님 편에서 당신의 외아들을 육신으로 이 땅에 보내 주셨고, 우리는 그 아들 예수님이 **"물과 피로임"**(요일 5:6)하셔서 드려 주신 **"한 영원한 제사"**를 믿음으로 값없이 죄 사함을 받게 되었습니다.

"그때에 유다와 예루살렘의 헌물이 옛날과 고대와 같이 나 여호와께 기쁨이 되려니와"(말 3:4).

거듭난 하나님의 종들은 지금도 옛적에 믿음의 선배들이 드렸던 의의 제사와 똑같은 속죄의 제사를 감사로 드립니다. 아담이나 아벨이나 노아나 이브라함이 드렸던 의의 제사를 이 시대의 하나님의 종들도 믿음으로 선포하고 있습니다. 노아의 때에도 하나님의 종 노아가 얼마나 목이 터져라 하고 구원의 복음을 외쳤겠습니까? 노아가 번제단을 쌓고 제사를 드리면서, "너희는 이 어린양처럼 너희의 모든 죄를 담당하고 돌아가실 구원자를 믿어야 한다"라고 주변의 영혼들에게 목이 터지도록 외치면서 백 년 동안이나 방주를 지었습니다. 그런데 그 당시의 사람들은 하나님의 종 노아가 전한 구원의 복음을 듣지 않았습니다.

"그들은 전에 노아의 날 방주 예비할 동안 하나님이 오래 참고 기다리실 때에 순종치 아니하던 자들이라 방주에서 물로 말미암아 구원을 얻은 자가 몇명 뿐이니 겨우 여덟 명이라 물은 예수 그리스도의 부활하심으로 말미암아 이제 너희를 구원하는 표니 곧 세례라 육체의 더러운 것을 제하여 버림이 아니요 오직 선한 양심이 하나님을 향하여 찾아가는 것이라"(벧전 3:20-21). 그 악한 세대에서 구원을 받은 자들은 오직 노아의 가족 여덟 명뿐이었습니다. 노아의 홍수(물)는 예수님께서 받으신 **세례의 예표**(豫表, antitype)입니다. 홍수의 물로 악한 세대의 모든 더러운 것들이 깨끗이 씻어지고 새로운 세상이 열렸듯이, 예수님의 세례로 이 세상의 모든 죄와 허물이 예수님에게 다 넘어가서 이 세상에는 하나님의 의가 이루어졌습니다. 그래서 사도 베드로는 **"물은 예수 그리스도의 부활하심으로 말미암아 이제 너희를 구원하는 표니 곧 세례라"**라고 선포한 것입니다. 예수님께서 받으신 세례를 믿는 믿음이 우리의 **구원의 표**입니다. **"육체의 더러운 것을 제하여 버림이 아니요 오직 선한 양심이 하나님을 향하여 찾아가는 것이라"**-예수님의 세례를 믿어서 죄 사함을 받았다고 우리의 육체가 다시는 죄를 짓지 않는 거룩한 육체가 되는 것은 아닙니다. 우리의 육신은 여전히 연약하고 부족하지만, 죄 사함을 받고 성령을 마음에 선물로 받은 우리 성도(聖徒)들은 무엇이 선한 일인지를 깨닫고 하나님의 기뻐하시는 뜻을 좇아가게 됩니다.

어떤 이는 "물과 피의 복음이 진리라면 왜 그 복음을 믿는 자들이 이렇게 적습니까?" 하고 의문을 제기합니다. 하나님께서는 모든 사람이 구원에 이르기를 원하시지만 사단 마귀의 거짓말에 속아 있고 고집이 센 인간들이 하나님의 부르심에 응답하지 않기 때문에 구원을 받지 못할 뿐입니다. 노아의 때에도 구원을 받은 수효는 겨우 여덟 명이었습니다. 코페르니쿠스나 갈릴레오의 시대에는 절대다수의 사람들은 "지구는 평평하고 태양이 지구 주위를 돈다"라는 천동설(天動說)을 믿었습니다. 그리고 오직 극소수의 사람들만이 "지구는 둥글며 지구가 태양 주위를 돈다"라는 지동설(地動說)을 주장했습니다. 따라서 지동설(地動說)을 주장한 갈릴레오는 가톨릭 교회로부터 이단으로 정죄되고 화형(火刑)에 처해질 뻔했습니다. 그러나 분명 지동설이 진리입니다. 여러분, 어떤 교설(敎說)을 추종하고 옹호하는 사람이 많다고 그것이 진리가 됩니까? 진리는 진리이기 때문에 진리입니다.

이 시대에도 거듭난 의인들은 목이 터져라 하고 **진리의 원형복음(原形福音)**을 외치지만 구원받은 사람이 그리 많지는 않습니다. 왜 그렇습니까? 사단 마귀는 사람들의 생각을 너무나 혼돈시켜 놓았고 사단 마귀가 뿌린 사이비(似而非) 복음이 온 세상을 뒤덮고 있어서 사람들은 그러한 반쪽짜리 복음을 진리라고 확신하기 때문입니다. 가짜가 너무 많으면 진짜는 오히려 가짜 취급을 받습니다. 예를 들어서, 눈 두 개 달린 정상적인 사람이 항해를 하던 중에 배가 난파되어서 표류하다가 눈이 하나만 달린 사람들이 살고 있는 섬에 들어갔다고 가정해 봅시다. 눈 하나짜리의 그 섬 사람들은 눈이 두 개 달린 사람을 발견하고 너무 기이하게 여기지 않겠습니까? "이야! 그놈 참 이상하게도 생겼

네! 뭐 이런 괴물이 다 있노? 우리가 이놈을 동물원에 가두고 모든 사람들에게 구경을 시키자"-이렇게 그 사람을 괴물로 취급하지 않겠습니까? 그 섬의 외눈박이 사람들은 눈이 두 개인 사람을 처음 보았기 때문입니다. 눈이 두 개 달린 정상인이 눈이 하나만 달린 사람들의 나라에 가면 괴물 취급을 받습니다. 그러나 두 개의 눈이 있어야 원근(遠近)을 분별하며 눈이 두 개 달린 사람이 정상인입니다.

지금도 우리가 "나는 부족하지만 주님께서 물과 피로 임하셔서 행하신 구원의 사역은 완전하기 때문에, 나는 진리의 원형복음을 믿음으로 죄가 없다"라고 우리의 믿음을 고백하면, 우리를 이단이라고 공격하는 사람들이 많습니다. 죄 사함을 받고 거듭나서 의인(義人)된 우리들이 기독죄인들(Christian sinners)이 뒤덮고 있는 세상에서 이단(異端)이라고 공격을 받는 것은 당연한 일입니다. 그들은 우리가 진리의 복음을 아무리 외쳐도 숫자가 많은 자기들이 정통이라는 확신에 휩싸여서 끝까지 돌이키지 않습니다. 하나님께서는 그런 자들에게 **"다만 네 고집과 회개치 아니한 마음을 따라 진노의 날 곧 하나님의 의로우신 판단이 나타나는 그 날에 임할 진노를 네게 쌓는도다"**(롬 2:5)라고 경고하셨습니다. 고집이 센 사람을 가리켜 "고래 힘줄"이라고 부르는데, 진리의 복음 앞에서 고래 힘줄같이 고집이 센 자들은 하나님의 진노의 심판을 피할 수 없습니다.

진리의 복음 앞에서 회개하십시오

"만군의 여호와가 이르노라 너희 열조의 날로부터 너희가 나의 규례를 떠나 지키지 아니하였도다 그런즉 내게로 돌아오라 그리하면 나도 너희에게로 돌아가리라 하였더니 너희가 이르기를 우리가 어떻게 하여야 돌아가리이까 하도다"(말 3:7).

　긍휼을 베푸시는 하나님께서는 이렇게 고래 힘줄같이 고집이 센 자들을 오래 참으시며 **"그런즉 내게로 돌아오라"**라고 오늘도 부르십니다. 그런데도 못돼 처먹은 인간들은 **"우리가 어떻게 하여야 돌아가리이까"** 하고 하나님께 항변합니다. 이스라엘 백성들은 그들의 열조의 날로부터 하나님께서 세워 주신 구원의 도를 지키지 않았습니다. 먼저 제사장들이 그 입술에 진리의 지식을 버렸습니다. 그러고도 "우리가 무엇을 그리 잘못했습니까?" 하고 지금도 하나님께 대들고 있습니다.

　예수님께서 재판장으로 재림(再臨)하셔서 마지막 심판을 베푸실 때에 양과 염소를 나누듯이 모든 사람을 의인과 죄인으로 나누실 것입니다. 의인들은 "주여, 저는 참 부족하지만 물과 피의 복음을 믿어서 죄가 없습니다. 감사합니다" 하고 주님을 찬양할 것입니다. 그리고 예수님께서는 진리의 복음을 믿음으로 거듭난 의인들에게 천국 영생의 상급을 주실 것입니다. 그러나 "반쪽짜리" 사이비(似而非) 복음을 믿어서 마음에 죄가 있는 기독죄인들(Christian sinners)은 아무리 예수님을 오래 믿었어도 지옥의 영원한 심판을 결코 면할 수 없습니다. 그 때에 주인을 치받는 염소들처럼, 그들은 예수님께 마구 덤빌 것입니다. "우리가 주님을 위해서 하지 않은 것이 무엇입니까? 우리도 죽도록 헌금도 했고 자선사업이나 봉사활동도 많이 했습니다" 하고 주님께 눈을 부라리며 대들 것입니다.

　그러나 그들은 진리의 복음을 믿지 않은 기독죄인들(Christian sinners)이며, 자기의 의를 쌓아서 **"땅의 소산"**으로 제사를 드렸던 가인(Cain)의 후예들입니다. **"죄의 삯은 사망"**(롬 6:23)입니다. 아무리 예수님을 오래 믿었어도 마음에 죄가 있으면 지옥 불에 들어갑니다.

그래서 누구든지 먼저 **진리의 원형복음**을 믿음으로 죄 사함을 받아야 합니다. 그래야만 성령님을 선물로 받고 하나님의 뜻을 좇아갈 수 있습니다. 누구든지 죄 사함을 받고 거듭나야만 마음의 우상을 제할 수 있고 하나님의 말씀을 믿음으로 좇아갈 수 있습니다. "**물과 피로 임**"(요일 5:6)하신 예수 그리스도를 만나기 전에는, "**죄 사함으로 말미암는 구원**"(눅 1:77)을 받기 전에는, 어느 누구도 결코 세상을 이길 수 없습니다.

이 시대의 자칭 "하나님의 종"들에게 권면합니다. 하나님의 종들은 레위 족속 제사장들과 같이 입술에 진리의 지식을 지켜야 합니다. 그래서 옛적 믿음의 조상들이 드렸던 거룩한 의의 제사를 드려야 합니다. 그러면 많은 영혼들이 하나님께로 돌아와 죄 사함을 받고 함께 하나님을 찬양하게 될 것입니다.

말씀을 마쳤습니다. 할렐루야!

하나님을 경외하라

"사람이 어찌 하나님의 것을 도적질하겠느냐 그러나 너희는 나의 것을 도적질하고도 말하기를 우리가 어떻게 주의 것을 도적질하였나이까 하도다 이는 곧 십일조와 헌물이라

너희 곧 온 나라가 나의 것을 도적질하였으므로 너희가 저주를 받았느니라

만군의 여호와가 이르노라 너희의 온전한 십일조를 창고에 들여 나의 집에 양식이 있게 하고 그것으로 나를 시험하여 내가 하늘 문을 열고 너희에게 복을 쌓을 곳이 없도록 붓지 아니하나 보라

만군의 여호와가 이르노라 내가 너희를 위하여 황충을 금하여 너희 토지 소산을 멸하지 않게 하며 너희 밭에 포도나무의 과실로 기한 전에 떨어지지 않게 하리니

너희 땅이 아름다와지므로 열방이 너희를 복되다 하리라 만군의 여호와의 말이니라

여호와가 이르노라 너희가 완악한 말로 나를 대적하고도 이르기를 우리가 무슨 말로 주를 대적하였나이까 하는도다

이는 너희가 말하기를 하나님을 섬기는 것이 헛되니 만군의 여호와 앞에 그 명령을 지키며 슬프게 행하는 것이 무엇이 유익하리요

지금 우리는 교만한 자가 복되다 하며 악을 행하는 자가 창성하며 하나님을 시험하는 자가 화를 면한다 하노라 함이니라

그 때에 여호와를 경외하는 자들이 피차에 말하매 여호와께서 그것을 분명히 들으시고 여호와를 경외하는 자와 그 이름을 존중

히 생각하는 자를 위하여 여호와 앞에 있는 기념책에 기록하셨느니라

만군의 여호와가 이르노라 내가 나의 정한 날에 그들로 나의 특별한 소유를 삼을 것이요 또 사람이 자기를 섬기는 아들을 아낌같이 내가 그들을 아끼리니

그때에 너희가 돌아와서 의인과 악인이며 하나님을 섬기는 자와 섬기지 아니하는 자를 분별하리라"(말 3:8-18)

하나님께서는 우리가 어떤 큰 일을 행하는 것보다도 하나님의 말씀을 사모하고 믿는 것을 더 기뻐하십니다. 베다니의 나사로에게는 마르다와 마리아라는 두 누이가 있었습니다. 예수님께서는 예루살렘에 올라가실 때마다 나사로의 집에 머무르셨던 것 같습니다. 한번은 예수님께서 그 집에 머무르실 때에 많은 사람들이 말씀을 들으러 찾아왔고 마리아도 예수님의 발치에 앉아서 전심으로 주님의 말씀을 듣고 있었습니다. 그런데 마르다는 밖에서 음식을 장만하느라고 몹시 분주했습니다. 보통 열심과 자기의 의가 많은 사람들이 시험에도 잘 듭니다. 부엌에서 땀을 뻘뻘 흘리며 음식을 장만하던 마르다는 시험이 들어서 "저는 이렇게 주님을 섬기려고 손이 열 개라도 모자란 상태인데 제 동생 마리아를 좀 보세요! 누구는 주님의 발치에 앉아서 말씀을 듣고 싶지 않나요? 아니, 그러면 누가 음식을 장만하겠어요?" 하고 예수님께 투정을 부렸습니다. 마르다는 자기의 투정을 들으신 예수님께서 분명 자기 편을 들어주실 줄 알았습니다. 그런데 주님께서는 오히려 마리아를 칭찬하셨습니다. "마르다야 마르다야 네가 많은 일로 염려하고 근심하나 그러나 몇 가지만 하든지 혹 한 가지만이라도 족하니라 마리아는 이 좋은

편을 택하였으니 **빼앗기지 아니하리라**"(눅 10:41-42). 우리가 이 일도 하고 저 일도 하느라고 바쁘지만, 우리가 선택할 수 있는 가장 귀한 일은 말씀을 듣고 마음에 믿는 일입니다.

하나님의 말씀을 믿는 것이 올바른 믿음입니다. 우리가 하나님의 말씀을 믿으면 그 말씀이 우리의 마음속에서 역사합니다. 말씀을 믿는 믿음이 마음에 자리를 잡으면 그 말씀에 순종하는 행위는 저절로 일어나게 됩니다. 많은 기독교인들이 "**행함이 없는 믿음은 그 자체가 죽은 것이라**"(약 2:17)는 야고보서의 말씀을 오해(誤解)해서 "**행함**"을 "**믿음**"보다 중시(重視)하고 앞세웁니다. 그러나 우리는 그 말씀의 뜻을 올바르게 이해해야 합니다. 야고보서는 "**행함이 없는 믿음은 죽은 것**"(약 2:26)이라는 말씀을 우리에게 이해시키기 위해서 기생 라합의 믿음을 예로 들고 있다는 사실을 우리는 주목해야 합니다. 여리고 기생 라합은 하나님을 믿었습니다. 그녀는 "전능하신 하나님께서는 당신의 편에 서는 자를 반드시 축복하시고 구원하신다"라고 확신했습니다. 그래서 라합은 발각이 되면 온 가족이 몰살당할 위험을 다 알면서도 담대히 이스라엘의 첩자를 숨겨 주고 그들의 탈출을 도와주었습니다. 그렇게 담대한 기생 라합의 "**행함**"은 그녀의 확신에서 비롯된 것입니다. "**행함이 없는 믿음은 그 자체가 죽은 것이라**"(약 2:17)는 말씀은 **참된 믿음**은 자동적으로 "**행함**"을 수반한다는 뜻입니다. 뒤집어 말하자면, "**행함**"을 수반하지 않는 믿음은 참된 믿음이 아니라는 뜻입니다.

예컨대 우리나라의 대통령이 공영방송인 KBS TV에 나와서 "나라의 재정이 몹시 어려우니 국민 여러분이 오늘 ○○은행에 백만 원을 맡기면 그 돈으로 급한 불을 끄고 내일 이백만 원을 돌려드리겠습니다. 선착순으로 만 명만 받겠습니다"라고 광고를 했다면,

우리는 백만 원씩을 장만해서 ○○은행으로 달려갈 것입니다. 대통령이 직접 발표한 광고인데 믿지 않겠습니까? 우리 모두가 철석같이 믿으니까 너도나도 돈을 들고 달려갈 것입니다. 그런데 만일 어떤 사채업자가 공영방송사도 아닌 인터넷 방송을 통해서 "우리 회사 재정이 몹시 어려우니 국민 여러분이 오늘 저희 회사에 백만 원을 맡기시면 내일 이백만 원씩을 돌려드리겠습니다. 선착순으로 만 명만 받겠습니다" 하고 "비슷한" 광고를 했다고 칩시다. 그 방송 광고를 듣고서 마음이 움직여서 돈을 들고 그 회사의 창구로 뛰어갈 사람이 있겠습니까? 무슨 차이입니까? 사람들이 달리 반응하는 차이는 근본 믿음의 차이에서 온 것입니다.

"이는 우리 복음이 말로만 너희에게 이른 것이 아니라 오직 능력과 성령과 큰 확신으로 된 것이니 우리가 너희 가운데서 너희를 위하여 어떠한 사람이 된 것은 너희 아는 바와 같으니라"(살전 1:5). 사도 바울은 진리의 원형복음을 큰 확신으로 믿었습니다. 그래서 그는 복음의 전파를 위해서 자기의 삶 전체를 자원함과 기쁨으로 드릴 수 있었습니다. 우리도 진리의 원형복음을 큰 확신으로 믿습니다. 그래서 우리의 마음에는 죄가 호리(毫釐)만큼도 없습니다. 거듭난 우리는 하나님의 자녀가 되었고 장차 영생의 천국에 들어간다는 큰 확신이 있습니다. 그래서 이 세상의 것들에 대해서는 그렇게 염려하지 않습니다. 이 세상은 어차피 잠시 후면 지나가는 것이기 때문입니다. 우리는 이 땅에서 나그네와 행인처럼 살다가 잠시 후면 죽을 것이고 죽은 후에는 주님과 함께 영생복락을 누릴 것을 확실히 믿습니다. 그래서 우리는 자원(自願)해서 우리의 남은 생애를 주님께서 가장 기뻐하시는 복음의 전파에 드립니다. 참된 믿음에는 순종의 행위가 저절로 일어나게 되어 있습니다. 그러나 진정한 **"믿음"**이 없는 곳에는 **"행함"**이 있을 수 없습니다.

"너희는 먼저 그의 나라와 그의 의를 먼저 구하라 그리하면 이 모든 것을 너희에게 더하시리라"(마 6:33)는 말씀을 저는 믿습니다. 이 말씀은 주님께서 모든 거듭난 의인들에게 주신 약속의 말씀입니다. 주님께서는 하나님의 의가 담긴 진리의 복음을 전파해서 이 땅에 하나님의 나라가 확장되고 많은 이들이 하나님의 자녀가 되게 하는 선한 일에 우리의 삶을 드리라고 당부하셨습니다. 우리가 이 약속의 말씀을 믿고 순종하면 하나님께서 우리에게 필요한 것들은 모두 공급해 주시겠다고 약속하셨습니다.

저는 이 약속의 말씀을 믿습니다. 그래서 저는 자원함과 기쁨으로 복음 전파의 일에 저의 온 마음과 남은 생애를 드리기를 원합니다. 우리가 하나님의 말씀을 진정으로 믿는다면 실제로 의의 복음을 전파하는 일에 자기의 남은 생애를 자원함과 기쁨으로 온전히 바칩니다. 하나님의 말씀을 큰 확신으로 믿는 사람에게서는 저절로 순종의 행위가 뒤따르게 됩니다. 믿음의 사람은 누가 강요하고 억압하고 눈총을 주기 때문에 마지못해서 하나님의 말씀을 준행하는 것이 아니라, 하나님의 말씀을 믿기 때문에 자원함과 기쁨으로 그 말씀에 순종합니다. 하나님 앞에서 믿음으로 행하는 것이 **"코람 데오"**(Coram Deo)의 신앙생활입니다. 말씀을 믿는 믿음이 없이 부득이함이나 억지로 행하는 신앙생활은 **"사람 앞에서"**(Coram hominibus) 행하는 종교생활에 불과합니다.

하나님을 경외하라

"사람이 어찌 하나님의 것을 도적질하겠느냐 그러나 너희는 나의 것을 도적질하고도 말하기를 우리가 어떻게 주의 것을 도적질 하였나이까 하도다 이는 곧 십일조와 헌물이라 너희 곧 온 나라가 나의 것을 도적질하였으므로 너희가 저주를 받았느니라 만군의 여호와가 이르노라 너희의 온전한 십일조를 창고에 들여 나의 집에 양식이 있게 하고 그것으로 나를 시험하여 내가 하늘 문을 열고 너희에게 복을 쌓을 곳이 없도록 붓지 아니하나 보라 만군의 여호와가 이르노라 내가 너희를 위하여 황충을 금하여 너희 토지 소산을 멸하지 않게 하며 너희 밭에 포도나무의 과실로 기한 전에 떨어지지 않게 하리니 너희 땅이 아름다워지므로 열방이 너희를 복되다 하리라 만군의 여호와의 말이니라"(말 3:8-12).

요즈음에 "백세시대"라는 말이 유행입니다마는, 사실 백세를 사는 삶은 많지 않습니다. 우리 인생들은 수명이 길어봤자 백 년 정도입니다. 우리의 생은 마치 한 뼘 길이의 양초에 불을 붙여 놓은 것과 같습니다. 그 초가 빛을 발하면서 녹아내리면 그 남은 길이는 점점 짧아지고 그 촛동가리마저 다 타고나면 촛불은 끝내 꺼집니다. 그렇게 우리의 생애라는 것은 허망합니다. 그래서 시편 기자도 "우리의 년 수가 칠십이요 강건하면 팔십이라도 그 년 수의 자랑은 수고와 슬픔뿐이요 신속히 가니 우리가 날아가나이다"(시 90:10)라고 탄식했습니다. 우리 인생의 기조(基調)는 수고와 슬픔뿐입니다.

사람들이 그토록 애잔한 자기의 생을 마감하기 전에 꼭 해보고 싶은 일들을 적어놓는 목록을 "버킷 리스트"(bucket list)라고 합니다. 그러면 여러분이 자기의 "버킷 리스트"대로 다 실행에 옮겨본 후에 죽음을 맞이하게 되면 행복할까요? 오히려 생에 대한 미련과 집착만 더 커질 것입니다. 그러면 그토록 허망한 인생 중에서 가장 아름답고 후회 없는 삶을 사는 자는 누구일까요? 바로 이 땅에 사는 동안에 창조주 하나님의 구원의 사랑을 입고 그분의 자녀가 되어 하나님의 뜻을 좇아 살다가 죽은 후에는 영생의 천국에 들어가는 자입니다. 그런 사람들이 가장 행복하고 아름다운 삶의 주인공들입니다.

십일조의 규례에 대한 바른 이해

오늘의 본문에는 "만군의 여호와가 이르노라 너희의 온전한 십일조를 창고에 들여 나의 집에 양식이 있게 하고 그것으로 나를 시험하여 내가 하늘 문을 열고 너희에게 복을 쌓을 곳이 없도록 붓지 아니하나 보라"(말 3:10)는 말씀이 기록되어 있습니다. 많은 삯꾼 목사들은 이 말씀을 인용해서 "여러분들이 온전한 십일조를 떼어먹는 것은 하나님의 재산을 도둑질하는 것입니다. 그와 반대로 여러분이 온전한 십일조를 하나님께 드리면 하나님은 백 배, 천 배로 갚아 주십니다. 믿으시면 '아멘' 하십시오!" 하고 교인들을 선동해서 그들의 주머니에서 헌금을 긁어냅니다. 그런 헌금들이 하나님께 바치는 것인 줄 압니까? 그런 헌금은 예배당이나 대궐처럼 크게 짓고 거기서 왕 노릇 하다가 그것을 자식에게 물려주는 삯꾼 목사들에게 바치는 것입니다.

오늘의 본문 말씀은 하나님께서 우리에게 재물을 갖다 바치라고 하신 말씀이 절대로 아닙니다. 여러분, 하나님이 거지입니까? 온 우주 만물이 다 하나님 것입니다. 우리가 사는 지구는 온 우주에 비교해 보면 한 점의 먼지만도 못합니다. 하나님께서는 온 우주 전체를 만드셨고 주관하시는 우주의 주인이신데, 하나님께서 우리와 같이 알량한 존재들을 앵벌이 시켜서, "얘들아, 열심히 일해서 십일조를 가져오너라. 십일조를 안 바치면 짓밟아 버릴 줄 알거라" 하고 겁박하시는 분입니까? 말도 안 되는 소리입니다.

　"십일조의 규례" 는 우리가 하나님의 것임을 깨닫고 믿으라고 세워 주신 율례(律禮)입니다. 하나님께서는 당신의 형상을 좇아 우리를 만드셨고 우리 모두를 당신의 자녀로 삼기를 원하십니다. 그 뜻을 이루시려고 하나님께서는 당신의 외아들인 예수 그리스도를 대속의 제물로 우리에게 아낌없이 내어 주셨습니다. 예수님께서는 이 땅에 **"물과 피로 임"** (요일 5:6)하셔서, 즉 세례와 십자가의 사역으로 우리의 모든 죄와 허물을 완벽하게 없애 주셨습니다. 우리는 그 진리의 복음을 믿음으로 죄 사함을 받고 하나님의 자녀가 되었습니다. 우리들처럼 하나님의 뜻대로 죄 사함을 받고 "하나님의 자녀"가 된 삶이 가장 행복하고 아름다운 인생입니다. 거듭난 우리들에게 "너희는 나의 것이다"라고 주님은 선포하십니다. 우리 자신이 하나님의 것이지, 우리에게 있는 그 알량한 재물만 하나님의 것이 아닙니다. 저와 여러분은 하나님 것입니다. 십일조의 규례는 우리가 하나님의 것임을 선포하는 믿음의 고백이며, 하나님께서는 그러한 믿음의 고백을 가장 기뻐하십니다.

우리는 하나님의 것입니다

　우리는 하나님 것입니다. 우리 거듭난 의인들은 하나님의 자녀들입니다. 주님께서는 죄인들을 향해서 **"너희는 너희 아비 마귀에게서 났으니 너희 아비의 욕심을 너희도 행하고자 하느니라"** (요 8:44)고 지적하셨습니다. 거듭나지 못한 사람들은 사단 마귀에게 속했지만, 거듭난 저와 여러분은 하나님께 속했습니다. 거듭난 의인들은 "우리는 하나님의 것"이라고 분명히 믿습니다. 바리새인들이 시비를 걸려고 세금 문제를 들고 예수님께 나왔습니다. 당시의 종교 지도자들 사이에는 자기들이 "로마 황제인 가이사(Caesar)에게 세금을 바치는 것이 옳으냐?"라는 문제로 논쟁이 끊이지 않았습니다. 그 문제는 각자의 정치-종교적 입지(stance)에 따라서 소견이 갈리는 논쟁거리였습니다. 열혈당원들(the Zealots)은 가이사에게 세금을 바치는 것을 극렬히 반대했습니다. 종교 지도자들이나 세리들은 로마의 환심을 사기 위해서 "약소국인 우리는 로마의 황제(가이사)에게 세금을 내야만 우리의 종교적 자유를 보장받을 수 있다"라는 논리를 옹호했습니다.

이제 그들은 그런 난제(難題)를 예수님께 들고 와서 예수님을 곤궁에 빠뜨리려고 간계(奸計)를 꾸민 것입니다. 예수님께서는 그들의 의중(意中)을 아시고, **"데나리온 하나를 내게 보이라 뉘 화상과 글이 여기 있느냐?"** 라고 반문하셨습니다. 그들이 "가이사의 것입니다" 하고 대답하자, 예수님께서는 **"가이사의 것은 가이사에게, 하나님의 것은 하나님께 바치라"** (눅 20:25)고 말씀하셨습니다.

이 말씀은 오직 위기를 지혜롭게 모면하려고 즉흥적으로 하신 주님의 말씀이 아닙니다. 주님께서는 이 말씀을 통해서 우리 각자에게 "너는 누구의 것이냐?"라고 물으십니다. 자기 자신을 세상에 속한 자라고 시인하는 자는 가이사(Caesar)에게 충성해서 그의 인정을 받으면 가이사의 세상에서 낙을 누릴 수 있다고 믿습니다. 그러나 자기 자신은 하나님께 속한 자라고 믿는 의인들은 자기를 하나님께 온전히 드리는 것이 가장 행복하고 아름다운 삶이라고 믿습니다. 만약 여러분의 마음 중심이나 가치관이 하나님보다 세상을 더 사랑하고 세상으로부터 인정을 받고자 한다면 여러분은 "나는 하나님의 것입니다"라고 고백할 수 없을 것입니다. 여러분은 지금 이 시간에 "내가 정녕 하나님의 것인가?" 하고 진중하게 자문(自問)해 보아야 합니다.

"만군의 여호와가 이르노라 너희의 온전한 십일조를 창고에 들여 나의 집에 양식이 있게 하고 그것으로 나를 시험하여 내가 하늘 문을 열고 너희에게 복을 쌓을 곳이 없도록 붓지 아니하나 보라"(말 3:10). 이 말씀은 우리 자신이 온전히 하나님의 것인지를 자문(自問)해 보라는 말씀입니다. **"온전한 십일조"**란 자기 수입 전체에서 한 푼도 떼지 말고 계산한 십일조라는 뜻이 아닙니다. 우리가 하나님께 십분의 일을 드리는 것은 십분의 일(1/10)만 하나님의 것이고 십분의 구(9/10)는 나의 것이기 때문이 아닙니다. 내게 주신 모든 것이, 나의 생명도, 나의 가족도, 나의 재산도 다 주님의 것이라는 믿음을 대표 원리로 고백하는 것이 십일조의 헌물(獻物)입니다. 우리가 십일조의 헌물을 드리는 것은 우리의 모든 것이 하나님께로부터 와서 장차 하나님께로 돌아갈 것임을 고백하는 믿음의 행위입니다.

많은 목사님들이 오늘의 본문 말씀을 인용하면서 **"온전한 십일조"**라는 제목으로 설교를 자주합니다. "자기의 모든 수입 중에서 한 푼도 빼지 말고 정확하게 십분의 일을 하나님께 드려야 온전한 십일조입니다. 이런 이유 저런 이유로 자기 수입에서 상당한 돈을 빼돌리고 남은 금액을 기준으로 십일조를 계산하는 사람은 하나님의 것을 도둑질하는 악한 자입니다. 그러나 여러분이 온전한 십일조를 드리면 성경에 기록된 대로 하나님께서 하늘 문을 열고 여러분에게 물질을 부어 주신다고 약속하셨습니다. 믿습니까? 믿으시면

'아멘' 하십시오!"라고 침을 튀기면서 설교하는 분들이 많습니다.

그러나 이 십일조의 규례는 "너희는 너희 자신이 하나님의 것이라는 사실을 온전히 믿으라"라는 뜻입니다. 우리는 하나님의 마음을 알아야 합니다. 하나님이 거지입니까? 하나님은 만왕(萬王)의 왕이고 우주의 주인입니다. 하나님이 우리의 알량한 재물을 뽑아내서 당신을 경배하는 예배당이나 크게 짓기를 원하시는 분입니까? 궁궐 같은 예배당을 지어서 그 안에 거하면서 왕 노릇 하기를 원하는 사람은 하나님의 종이 아니라 삯꾼 목사들입니다. 하나님께서 진정으로 원하시는 것은 궁궐 같은 예배당이 아니라 진리의 원형복음을 전파해서 영혼들이 죄 사함을 받고 당신의 자녀로 거듭나게 하는 구원의 사역입니다. 교인들의 돈을 긁어모아 자기의 영달만 도모하는 삯꾼 목사들이 진리의 원형복음을 알기나 합니까? 그들은 영적 소경들입니다. 그들은 자기도 거듭나지 못해서 죄 가운데서 헤매고 있는데, 어떻게 다른 영혼들을 인도해서 **"죄 사함으로 말미암는 구원"**(눅 1:77)을 받게 할 수 있겠습니까?

그런 거짓 선지자들은 오늘의 본문 말씀을 인용하면서 "온전한 십일조를 드려라"라고 설교하는데, 그들은 **"마음이 부패하여지고 진리를 잃어버려 경건을 이익의 재료로 생각하는 자들"**(딤전 6:5)입니다. 그들은 진리의 복음을 알지도 못하는 자들이며 재물에 눈이 멀어서 경건, 즉 신앙생활을 돈벌이의 수단으로 삼는 자들입니다. 그러나 하나님은 사람의 마음 중심을 살피시는 분입니다. 의인들이 **"온전한 십일조"**를 드리는 것은 "주님, 저는 주님의 것입니다"라는 믿음의 고백입니다. 거듭난 하나님의 종들은 하나님의 마음을 알기에, 진리의 복음을 전파하기 위해서 자기의 재산뿐만이 아니라 자기 자신을 온전히 하나님의 것으로 드립니다. 거듭난 우리는 세상에 속한 자가 아닙니다. 거듭나지 못한 자들은 그들이 입술로는 예수님을 믿는다고 고백할지라도 실제로 그들은 가이사(Caesar)의 것들입니다. 가이사의 것들은 가이사에게 속해서 세상의 풍조(風潮)를 따라 살라고 하십시오. 우리는 하나님 것이기에 먼저 그의 나라와 그의 의를 위해서 살 것입니다.

악인의 창성(昌盛)함을 부러워 말라

"여호와가 이르노라 너희가 완악한 말로 나를 대적하고도 이르기를 우리가 무슨 말로 주를 대적하였나이까 하는도다 이는 너희가 말하기를 하나님을 섬기는 것이 헛되니 만군의 여호와 앞에 그 명령을 지키며 슬프게 행하는 것이 무엇이 유익하리요 지금 우리는 교만한 자가 복되다 하며 악을 행하는 자가 창성하며 하나님을 시험하는 자가 화를 면한다 하노라 함이니라"(말 3:13-15).

우리는 가끔 자기도 모르게 실언(失言)을 하고는 두고두고 후회를 할 때가 있습니다. 그러나 사실 그런 실언(失言)은 우리의 마음속에 숨어 있던 생각이 은연중에 나온 것입니다. "선한 사람은 그 쌓은 선에서 선한 것을 내고 악한 사람은 그 쌓은 악에서 악한 것을 내느니라"(마 12:35)고 예수님께서 말씀하셨습니다. 우리의 입술은 당연히 마음속에 쌓아 놓은 것들을 내보냅니다. 의인들은 믿음으로 취한 하나님 말씀을 마음속에 차곡차곡 쌓아 놓았다가 그들의 입술에서 영혼들을 살리고 자기 영혼에도 유익한 믿음의 말들을 내어놓습니다.

"하나님은 미쁘시니라 우리가 너희에게 한 말은 예 하고 아니라 함이 없노라 우리 곧 나와 실루아노와 디모데로 말미암아 너희

가운데 전파된 하나님의 아들 예수 그리스도는 예 하고 아니라 함이 되지 아니하였으니 저에게는 예만 되었느니라"(고후 1:18-19).

믿음이 없는 사람들은 항상 하나님의 뜻을 거스르고 영적인 분위기에 찬물을 끼얹는 부정적인 말만 합니다. 거듭나지 못한 죄인들의 입에서는 부정적이고 비관적인 말들만 나오지만, 장성한 의인들의 입술에서는 "예" 하는 긍정의 말들만 나옵니다. 오늘의 본문 말씀에도 "지금 우리는 교만한 자가 복되다 하며 악을 행하는 자가 창성하며 하나님을 시험하는 자가 화를 면한다 하노라 함이니라"(말 3:15)는 말씀이 있는데, 이런 말은 하나님의 뜻과는 전혀 반대되는 말이며 악인의 주장입니다. 그래서 하나님께서는 "너희가 말로 여호와를 괴로우시게 하고도 이르기를 우리가 어떻게 여호와를 괴로우시게 하였나 하는도다 이는 너희가 말하기를 모든 행악하는 자는 여호와의 눈에 선히 보이며 그에게 기쁨이 된다 하며 또 말하기를 공의의 하나님이 어디 계시냐 함이니라"(말 2:17) 하고 악인들의 악한 말들을 지적하십니다. 하나님을 믿지 않는 자들의 입에서는 그렇게 부정적이고 악한 말만 나옵니다.

작은 혀의 권능

"우리가 다 실수가 많으니 만일 말에 실수가 없는 자면 곧 온전한 사람이라 능히 온 몸도 굴레 씌우리라 우리가 말을 순종케 하려고 그 입에 재갈 먹여 온 몸을 어거하며 또 배를 보라 그렇게 크고 광풍에 밀려가는 것들을 지극히 작은 키로 사공의 뜻대로 운전하나니 이와 같이 혀도 작은 지체로되 큰 것을 자랑하도다 보라 어떻게 작은 불이 어떻게 많은 나무를 태우는가 혀는 곧 불이요 불의의 세계라 혀는 우리 지체 중에서 온 몸을 더럽히고 생의 바퀴를 불사르나니 그 사르는 것이 지옥불에서 나느니라"(약 3:2-6).

우리의 혀는 몸에서 가장 작은 지체 중의 하나입니다. 그러나 혀는 마치 배의 키(방향타)와 같이 매우 큰 역할을 합니다. 마치 큰 배가 작은 키(방향타)에 의해 이리저리로 방향을 트는 것처럼 혀를 영적으로 바르게 쓰면 성령의 귀한 열매들을 맺지만, 이것을 잘못 쓰면 자기도 망하고 주변 사람들도 영적으로 죽입니다.

육신적인 사람들은 **"교만한 자가 복되다"** 또 **"악을 행하는 자가 창성하다"**라고 말합니다. 악인들의 이러한 말은 하나님의 말씀을 정면으로 도전하는 악한 말입니다. 무엇이 선(善)이고 무엇이 악(惡)입니까? 가장 선한 일은 영혼들을 진리의 복음으로 구원해서 하나님께로 돌아오게 하는 일입니다. 그리고 가장 악한 자는 하나님의 뜻은 무시하고 자기의 욕망만을 좇아가는 자입니다. 요즈음 "조물주 위에 건물주"라는 말이 유행입니다. "저 사람을 봐라! 하나님을 믿지 않는데도 하는 일이 얼마나 잘되느냐? 이번에 저 사람은 또 큰 빌딩을 지어서 이제는 거둬들이는 임대료만 해도 1년에 50억이래! 하나님을 믿는다는 자들은 모든 것을 다 희생하고도 지질하게 살고 있지 않느냐! 그러니 진정 악한 자가 창성(昌盛)하지 않느냐?"-세상에 속한 사람들은 이렇게 말합니다. 이러한 생각이나 말은 사단 마귀로부터 온 것들입니다.

물론 이 세상에는 악인이 창성(昌盛)하는 일도 흔히 있습니다. 그리고 거듭난 의인들조차도 악인이 잘 되는 것을 보고 시험에 들기도 합니다. **"하나님이 참으로 이스라엘 중 마음이 정결한 자에게 선을 행하시나 나는 거의 실족할 뻔 하였고 내 걸음이 미끄러질 뻔 하였으니 이는 내가 악인의 형통함을 보고 오만한 자를 질시하였음이로다"(시 73:1-3). 이 시편 기자도 악인의 형통함을 보고 시기심이 일어났고 자기는 실패자(Loser)라는 생각까지 일어나서 "나는 종일 재앙을 당하며 아침마다 징책을 보았도다"(시 73:14) 하고 탄식했습니다. 그러나 그는 "**하나님의 성소에 들어갈 때에야**"(시 73:17), 즉 하나님 앞에서 진리의 말씀으로 혼미한 생각을 정리해 보니 저희들의 결국이 지옥인 것을 깨닫고 영적으로 정신을 차리게 되었습니다.

우리는 진리의 말씀을 믿음으로 마음을 지켜야 합니다. "**무릇 지킬만한 것보다 더욱 네 마음을 지키라 생명의 근원이 이에서 남이니라**"(잠 4:23)고 말씀하셨습니다. 하나님의 말씀을 믿음으로 마음을 지키는 영적인 사람은 "**하나님께서는 겸손한 자를 높이시며 선을 행하는 자를 창성하게 하신다**"라는 믿음의 말을 합니다. 거듭난 의인들은 이러한 믿음의 말을 해서 영혼들을 살리고 자기 자신의 믿음도 지킵니다.

여러분, 아직도 "조물주 위에 건물주"라는 말에 솔깃해서 "나도 건물주가 한번 되어 보고 싶다"라는 소원이 있습니까? 하나님께서는 "가옥에 가옥을 연하며 전토에 전토를 더하여 빈 틈이 없도록 하고 이 땅 가운데서 홀로 거하려 하는 그들은 화 있을찐저"(사 5:8)라고 말씀하십니다. "화 있을찐저"라는 말씀에서 "화"는 영원히 꺼지지 않는 지옥을 의미합니다.

여호와를 경외하는 자들의 믿음

"그때에 여호와를 경외하는 자들이 피차에 말하매 여호와께서 그것을 분명히 들으시고 여호와를 경외하는 자와 그 이름을 존중히 생각하는 자를 위하여 여호와 앞에 있는 기념책에 기록하셨느니라"(말 3:16).

가이사(Caesar)에게 속한 자들은 하나님을 너무 우습게 여깁니다. 그래서 그들은 **"지금 우리는 교만한 자가 복되다 하며 악을 행하는 자가 창성하며 하나님을 시험하는 자가 화를 면한다 하노라"**(말 3:15)는 말도 서슴없이 내뱉습니다. 그들은 하나님의 살아 계심이나 선하심을 인정하지 않습니다. 그러나 하나님께 속한 자들은 살아 계신 여호와를 믿고 경외합니다. 경외(敬畏)라는 말은 "두려워하고 존경한다"라는 뜻입니다. 하나님은 우리가 감히 그분의 이름을 입에 올리기조차 두려워해야 할 크고 존귀한 분입니다. 구약시대에는 사람이 하나님의 얼굴을 직접 뵈면 죽었습니다. 하나님께서는 만왕(萬王)의 왕이시고 우주의 창조자이십니다. 그런데 우리는 그토록 크신 하나님의 자녀가 되어서 하나님 아버지의 얼굴을 마음껏 뵐 수 있게 되었습니다.

그리고 하나님을 경외하는 자들은 피차에 선한 것들, 즉 믿음의 말을 하매 하나님께서 들으십니다. 의인들이 그들의 마음속에 있는 하나님의 말씀을 믿는 믿음과 성령으로 말미암아 서로 교제할 때에 영적인 깨달음과 진리의 말씀으로 서로를 격려합니다. **"그때에 여호와를 경외하는 자들이 피차에 말하매 여호와께서 그것을 분명히 들으시고"**-여러분, 하나님께서 우리가 피차에 말하는 것을 듣지 못하실 것 같습니까? 하나님은 우리에게 별로 관심이 없거나 늘 주무시는 줄 압니까? 하나님께서는 주무시지 않으시고 우리의 기도와 교제를 다 들으십니다. 하나님께서는 당신의 자녀들이 당신을 경외하고 그 앞에서 말씀으로 서로 교제하며 격려하고 또 힘을 모아서 함께 의의 일을 하는 것을 너무나 기뻐하십니다.

하나님 보좌 앞의 심판책들과 생명책

"여호와를 경외하는 자와 그 이름을 존중히 생각하는 자를 위하여 여호와 앞에 있는 기념책에 기록하셨느니라"(말 3:16).

여기에 기록된 기념책이 바로 하나님의 보좌 앞에 있는 생명책 (the Book of Life)입니다. 이 생명책에는 거듭난 의인들의 이름만 기록됩니다. "**죽임을 당한 어린 양의 생명책에 창세 이후로 녹명 (錄名)되지 못하고 이 땅에 사는 자들은 다 짐승에게 경배하리라**"(계 13:8)는 말씀대로 가이사에게 속한 자들은 이 기념책에 이름을 올릴 수 없고 마지막 때까지 사단 마귀를 경배하다가 모두 지옥 불에 들어갈 것입니다.

하나님의 은총을 입고 거듭난 의인들은 인류의 어린양으로 오신 하나님의 아들 예수 그리스도께서 "**물과 피로 임**"(요일 5:6)하셔서 인류의 모든 죄와 허물을 단번에 없애 주신 **진리의 원형복음**을 믿습니다. 예수님께서는 요단강에 임하셔서 인류의 대표자인 세례 요한에게 안수의 형식으로 세례를 받으심으로 당신의 육신에 인류의 모든 죄를 단번에 담당하셨습니다. 그래서 예수님은 세례를 받으신 이튿날에 세례 요한에게서 "**보라 세상 죄를 지고 가는 하나님의 어린양이로다**"(요 1:29)라는 증거를 받으셨습니다. 예수님께서 세상 죄를 짊어지고서 어디로 가셨습니까? "**죄의 삯은 사망**"(롬 6:23)입니다. 인류의 죗값을 대신 지불하기 위해서 예수님께서는 대속의 죽음을 맞으시러 십자가의 형틀로 가셨습니다. 예수님께서는 십자가에 못 박혀서 육체의 모든 피를 다 쏟으시고 "**다 이루었다**"(19:30)라고 외치신 후 돌아가셨습니다. 예수님께서 무엇을 다 이루셨습니까? 어린양으로 오신 예수님께서는 저와 여러분들의 죄와 허물을 없애 주시는 구원의 사역을 온전히 이루셨습니다.

예수님께서 왜 인간인 세례 요한에게 머리를 숙이고 세례를 베풀어 달라고 요청했습니까? 주석가들은 예수님께서 세례를 받으실 때에, 하나님 아버지께서 **"이는 내 사랑하는 아들이요 내 기뻐하는 자라"**라고 말씀하셨다고 해서 "요단강에서 받으신 예수님의 세례는 예수님의 메시아 선포식이다"라고 가르칩니다. 또 어떤 자들은 "예수님이 겸손의 표양을 보여 주기 위해서 인간인 세례 요한에게 머리를 숙이고 세례를 받으셨다"라고 주장합니다. 그런 주장들은 "개가 풀을 뜯어 먹는 소리"입니다.

예수님께서 요한에게 세례를 베풀라고 청하실 때에, 주님은 **"이제 허락하라 우리가 이와 같이 하여 모든 의를 이루는 것이 합당하니라"**(마 3:15)고 분명히 선포하셨습니다. 우리에게 **"모든 의"**를 이루어 주시려고 성자(聖子) 하나님이신 예수님께서 인간인 세례 요한에게 안수의 형식으로 세례를 받으셨습니다. 안수(按手)는 사람의 죄를 제물에게 넘기는 하나님의 공의(公義)한 법입니다. 어린양으로 오신 예수님께서 물과 피로 임하셔서 우리를 모든 죄에서 구원하셨습니다. 주님께서 **"물과 피로 임"**(요일 5:6)하셔서 완성하신 구원의 사역이 **진리의 원형복음(原形福音)**입니다. 어린양이 이 땅에 오셔서 우리에게 베풀어 주신 구원의 원형복음을 믿는 자는 누구든지 죄 사함을 받고 천국의 영생을 얻습니다.

누구든지 마음에 죄가 있으면 절대로 영생을 얻지 못합니다. 마음에 죄가 있는 자는 결코 천국에 들어가지 못합니다. 진리의 원형복음을 믿음으로 죄 사함을 받은 의인들만 어린양의 생명책에 이름을 올리고 천국의 상속자가 됩니다. 자기의 공로로는 아무도 천국에 들어갈 자가 없습니다. 누구든지 하나님께서 인류에게 값없이 베풀어 주신 구원의 사랑을 믿음으로 죄 사함을 받고 의인으로 거듭나야만 생명책에 자기의 이름을 올리고 천국의 영생에 들어갑니다. 그래서 사도 요한은 "보라 아버지께서 어떠한 사랑을 우리에게 주사 하나님의 자녀라 일컬음을 얻게 하셨는고, 우리가 그러하도다 그러므로 세상이 우리를 알지 못함은 그를 알지 못함이니라"(요일 3:1)고 말씀하셨습니다. 하나님 아버지께서 당신의 외아들을 아낌없이 내어 주시고, 인류의 대표자인 세례 요한에게 안수의 형식으로 세례를 받게 하심으로 우리의 모든 죄와 허물을 그분에게 뒤집어씌워서 당신의 아들을 우리 대신 심판하심으로 우리를 구원하셨습니다. 우리에게 베풀어 주신 하나님의 그 **"어떠한 사랑"**을 생각하면 저는 늘 가슴이 벅찹니다. 누구든지 하나님의 그 **"어떠한 사랑"**을 알고 믿으면 하나님의 자녀가 되어서 어린양의 생명책에 그의 이름이 기록됩니다.

하나님의 보좌 앞에는 두 종류의 책이 있습니다. **"또 내가 보니 죽은 자들이 무론 대소하고 그 보좌 앞에 섰는데 책들이 펴 있고 또 다른 책이 펴졌으니 곧 생명책이라 죽은 자들이 자기 행위를 따라 책들에 기록된 대로 심판을 받으니"**(계 20:12). 하나님의 보좌 앞에 **"책들"**과 **"또 다른 책"**이 펴 있습니다. **"책들"**은 **"죽은 자들"** 즉 지옥에 갈 죄인들이 자기 행위를 따라 심판을 받을 **"심판책"**이고 **"또 다른 책"**은 **"여호와 앞에 있는 기념책"**(말 3:16)이며 **"어린양의 생명책"**(계 13:8)입니다. **"책들"**로 기록된 심판책은 복수인데, 생명책은 딱 1권입니다. 이는 구원받은 의인들이 그리 많지 않다는 뜻입니다.

둘째 부활에 참여한 **"죽은 자들이 무론 대소하고"** 심판책에 기록된 대로 공의한 심판을 받을 것입니다. "**죽은 자**"란 거듭나지 못해서 지옥에 가야할 죄인들을 의미합니다. 예수님께서 "**하나님은 죽은 자의 하나님이 아니요 산 자의 하나님이시라**"(막 12:27)고 선포하셨습니다. 하나님은 거듭난 자들, 즉 의인의 하나님입니다. 하나님께서 거저 주시는 죄 사함의 은총을 믿음으로 받지 아니한 자들은 비록 그들의 육체는 살아 있더라도 영적으로는 죽은 자들입니다. "**죽은 자들이 무론(無論) 대소하고**"-죄 사함 받지 못한 자들은 큰 자나 작은 자나 따질 것도 없이 지옥에 갑니다. 그가 열심히 신앙생활을 잘해서 인간의 의를 많이 쌓았든지 별로 선행을 한 것이 없든지 상관이 없습니다. 마음에 죄가 있으면 지옥에 갑니다.

그렇다고 선행을 하지 말라는 말은 아닙니다. 자기의 선행이 천국의 영생을 얻는 것과는 아무 상관이 없다는 사실을 명심하라는 말입니다. 마음이 정직한 자는 자기가 아무리 선행을 많이 했어도 스스로는 자기가 얼마나 부족하고 악하고 더러운 자인지를 시인합니다. 그래서 심령이 정직한 자는 "하나님, 저를 불쌍히 여겨 주옵소서. 저는 지옥 가야 마땅한 자입니다" 하고 고백합니다. 이런 자가 바로 "**심령이 가난한 자**"(마 5:3)이고 소자(小子)입니다. 그런 자는 "**물과 피의 복음**"으로 주님을 만나서 "**소자야 네 죄 사함을 받았느니라**"(막 2:5)는 주님의 음성을 듣고 죄 사함을 받습니다. 자기는 지옥에 갈 자라는 분명한 자기 인식이 있는 사람이 구원을 받는 것이지, 바리새인같이 자기 의의 부자들은 생명책에 이름을 올릴 수 없습니다.

죽은 자들, 즉 거듭나지 못한 죄인들은 그들이 착하게 살았든 악하게 살았든, 선행의 공로가 많든 적든 하는 것과 상관없이 심판책(행위록책)에 그들의 죄악이 깨알같이 기록됩니다. 율법을 어긴 것이 다 죄인데 그들의 죄는 하나도 빠짐없이 심판책들에 다 기록되어 있어서 마지막 심판 때에는 그 기록된 사실대로 하나님의 엄정한 심판을 받게 됩니다. "둘째 부활"에 참여해서 하나님의 심판대 앞에 선 죄인들은 심판책들과 자기들의 마음에 기록된 죄를 하나님께 직고(直告)할 것입니다(벧전 4:5).

"유다의 죄는 금강석 끝 철필로 기록되되 그들의 마음 판과 그들의 단 뿔에 새겨졌거늘"(렘 17:1)-사람의 죄는 두 군데 기록됩니다. 한곳은 우리의 "**마음 판**"이고 다른 한곳은 번제단의 "**단 뿔**"인데 "**단 뿔**"은 심판책을 계시합니다. 죄가 낱낱이 심판책에 기록되어 있기 때문에 하나님의 불꽃 같은 눈앞에서 죄인들이 자기의 마음 판에 기록된 죄를 고스란히 자백할 수밖에 없습니다. 그래서 자기가 알아서 모든 죄를 다 시인하고 나면, "그러니 너는 어디로 가는 것이 마땅하겠느냐?" 하고 하나님께서 물으시면, "저는 지옥에 가야 마땅합니다" 하고 스스로 인정하고 자기 발로 지옥문을 향해 갈 것입니다.

양과 염소를 나누심과 같이

"만군의 여호와가 이르노라 내가 나의 정한 날에 그들로 나의 특별한 소유를 삼을 것이요 또 사람이 자기를 섬기는 아들을 아낌 같이 내가 그들을 아끼리니 그때에 너희가 돌아와서 의인과 악인이며 하나님을 섬기는 자와 섬기지 아니하는 자를 분별하리라"(말 3:17-18).

하나님께서는 하나님을 경외함으로 죄 사함을 받은 의인들을 당신의 자녀로 삼으십니다. 그리고 그들을 당신의 자녀로 사랑하고 아끼십니다. "죄 사함으로 말미암는 구원"(눅 1:77)을 받고 거듭난 우리는 하나님의 것이 되었습니다. "오직 너희는 택하신 족속이요 왕 같은 제사장들이요 거룩한 나라요 그의 소유된 백성이니 이는 너희를 어두운 데서 불러 내어 그의 기이한 빛에 들어가게 하신 자의 아름다운 덕을 선전하게 하려 하심이라"(벧전 2:9)-우리가 하나님의 "특별한 소유"가 되었다는 것은 대단한 영광이며 특권입니다. 전능하신 하나님의 자녀들을 누가 감히 건드리겠습니까? 우리는 감히 아무도 우리를 건드릴 수 없는 하나님의 자녀들이 되었습니다.

미국이 워낙 강대국이니까 약소국가들은 자기 나라에 들어와 살거나 여행하는 미국인들을 홀대하거나 무시하지 못합니다. 만일 어떤 나라가 자기 나라에 들어온 미국인 여행객을 잘못 건드렸다가는 미국의 응징을 혹독하게 당합니다. 그래서 미국인들은 자기 나라에 대한 자부심이 대단합니다. "여호와의 기념책"에 이름이 올라 있는 우리는 어마어마하게 존귀한 자들입니다. 우리가 어떤 자들입니까? 우리는 하나님의 자녀이고 하늘나라의 후사들입니다. 우리를 잘못 건드린다는 것은 그들이 우리가 누구인지 몰라서 그러는 겁니다. 우리를 코피 나게 하면 그런 사람은 하나님의 진노를 자기의 머리에 쌓는 셈입니다.

"그때에 너희가 돌아와서 의인과 악인이며 하나님을 섬기는 자와 섬기지 아니하는 자를 분별하리라"(말 3:18)고 말씀하셨습니다. 주님께서 양과 염소를 구별하여 나누시듯, 우리 의인들도 거듭난 자와 거듭나지 못해서 지옥에 가야 할 자를 분별합니다. 거듭난 성도들은 영 분별의 은사가 있습니다. 진리의 복음을 믿음으로 거듭난 의인이라야 어떤 사람이 거듭난 성도(聖徒)이며 어떤 자가 경건의 모양은 있지만 죄 사함을 받지 못한 **"죽은 자"**인지를 압니다.

여러분의 마음에 아직도 죄가 있습니까? 그런 분은 속히 진리의 복음을 믿음으로 자기의 이름이 생명책에 기록되는 천국 영생의 축복을 받게 되기를 바랍니다.

말씀을 마쳤습니다. 할렐루야!

언약을 성취하시는 하나님

"만군의 여호와가 이르노라 보라 극렬한 풀무불 같은 날이 이르리니 교만한 자와 악을 행하는 자는 다 초개 같을 것이라 그 이르는 날이 그들을 살라 그 뿌리와 가지를 남기지 아니할 것이로되

내 이름을 경외하는 너희에게는 의로운 해가 떠올라서 치료하는 광선을 발하리니 너희가 나가서 외양간에서 나온 송아지 같이 뛰리라

또 너희가 악인을 밟을 것이니 그들이 나의 정한 날에 너희 발바닥 밑에 재와 같으리라 만군의 여호와의 말이니라

너희는 내가 호렙에서 온 이스라엘을 위하여 내 종 모세에게 명한 법 곧 율례와 법도를 기억하라

보라 여호와의 크고 두려운 날이 이르기 전에 내가 선지 엘리야를 너희에게 보내리니

그가 아비의 마음을 자녀에게로 돌이키게 하고 자녀들의 마음을 그들의 아비에게로 돌이키게 하리라 돌이키지 아니하면 두렵건대 내가 와서 저주로 그 땅을 칠까 하노라 하시니라"(말 4:1-6).

악인들에게 임할 심판과
여호와를 경외하는 의인들에게 임할 축복

"만군의 여호와가 이르노라 보라 극렬한 풀무불 같은 날이 이르리니 교만한 자와 악을 행하는 자는 다 초개 같을 것이라 그 이르는 날이 그들을 살라 그 뿌리와 가지를 남기지 아니할 것이로되 내 이름을 경외하는 너희에게는 의로운 해가 떠올라서 치료하는

광선을 발하리니 너희가 나가서 외양간에서 나온 송아지같이 뛰리라"(말 4:1-2).

하나님은 선(善)하고 공의(公義)하십니다. 하나님의 자비와 구원의 은총을 끝까지 거부하고 무시한 자들이 악인(惡人)이며 교만한 자들입니다. 하나님께서 당신의 구원의 사랑을 감사함으로 받아들인 우리 의인들에게 영광과 존귀를 입혀 주시지만 **"교만한 자와 악을 행하는 자"**들은 **"극렬한 풀무불"**과 같은 지옥 불에 던져 넣으실 것입니다. 그 불에 그들은 초개(草芥), 즉 마른 풀같이 타버릴 것입니다. 이것이 하나님의 공의(公義)한 심판입니다.

하나님께서 우리 인생들을 극진히 사랑하셔서 당신의 외아들을 우리의 구원자로 아낌없이 내어 주셨는데도, 대부분의 사람들은 하나님의 존재 자체를 부인합니다. 그들은, "흥! 하나님이 어디 있느냐? 성경은 다 지어낸 이야기야!" 하고 콧방귀를 끼며 하나님을 대적합니다. 수년 전에 리차드 도킨스(Richard Dawkins)라는 영국의 생물학자가 『만들어진 신』(원제목: God Delusion, "하나님이라는 망상")이라는 책을 출간해서 베스트셀러 작가가 되었습니다. 진화론에 근거해서 하나님의 존재 자체를 부인하는 사람들은 이런 책들을 명저(名著)라고 치켜세웁니다.

그러나 성경은 **"어리석은 자는 그 마음에 이르기를 하나님이 없다 하도다 저희는 부패하고 소행이 가증하여 선을 행하는 자가 없도다"**(시 14:1)라고 말씀합니다. 하나님의 존재 자체를 부인하는 자들이 가장 미련한 자들입니다. 그들은 우주와 자연의 오묘한 질서와 아름다움을 눈으로 보면서도 그것들을 지으신 하나님을 부인하고 있습니다. 성경은 **"집마다 지은 이가 있으니 만물을 지으신 이는 하나님이시라"**(히 3:4)는 단순한 이치로 하나님은 살아 계시며 그분은 창조주이심을 가르쳐 줍니다. 지은이가 없는데도 저절로 솟아난 집은 없습니다. 반드시 건축주가 있고 건축에 참여한 인부들이 있어서, 일정 기간 동안 건축자재를 들여가며 수고를 해야 하나의 집이 세워집니다.

그런데 진화론자(進化論者)들과 무신론자들은 우주와 그 안에 있는 모든 것들이 "저절로 생겨나고 진화해서" 지금의 형태로 존재하게 되었다고 주장합니다. 조그만 집 한 채도 지은이가 없이는 존재할 수 없는데, 집 우(宇)자와 집 주(宙)자로 이루어진 하나님의 큰 집인 "우주"(宇宙)가 과연 저절로 생겼을까요? 말도 되지 않는 소리입니다. 우주와 그 안에 있는 모든 만물은 전능하신 하나님께서 창조하셨습니다. **"없는 것을 있는 것 같이 부르시는"**(롬 4:17) 전능하신 하나님 외에는 이토록 오묘한 우주와 자연 만물을 지어내고 운행하실 분이 없습니다. 그런데도 하나님과 하나님의 말씀을 무시하고 인정하지 않는 자는 악인이며 교만한 자입니다. 하나님을 믿지 않는 마음이 악심(惡心, 히 3:12)입니다. 하나님께서는 그런 자를 반드시 극렬한 풀무불에 처넣으십니다.

그러나 하나님께서는 **"내 이름을 경외하는 너희에게는 의로운 해가 떠올라서 치료하는 광선을 발하리니 너희가 나가서 외양간에서 나온 송아지같이 뛰리라"**(말 4:2)고 약속하셨습니다. 하나님을 경외하는 자들은 하나님께로부터 존귀와 영광을 얻습니다. 하나님의 이름은 **"야훼"** 즉 **"스스로 계신 분"**입니다. 스스로 계신 분, 즉 야훼 **"하나님을 경외하는 너희"**란 어떤 사람을 지칭하는 말씀일까요? 성경은 덮어놓고 자기의 의지로 금식이나 하고 또 자기 가슴을 치면서 회개 기도를 열심으로 하는 자입니까? 율법을 잘 지켜서 경건하게 살고자 하는 것이 하나님을 경외하는 것일까요? 아닙니다. 하나님을 경외하는 자란 자기가 지옥에 가야 할 죄 덩어리인 것을 인정하고 하나님께서 그토록 비참한 존재인 자기에게 베푸신 구원의 은혜를 감사하고 찬양하는 자입니다. 하나님을 경외하는 사람은 하나님의 모든 말씀을 마음으로 믿고 좇습니다. 따라서 죄 사함 받은 자들, 즉 거듭난 자들만 여호와의 이름을 경외할 수 있습니다. 진리의 원형복음을 믿음으로 거듭난 우리들은 하나님께서 우주의 창조주이시고 당신의 아들을 내어 주기까지 우리를 사랑하신 구원의 하나님이라고 굳게 믿습니다.

영육간에 치료를 받는 의인들

저와 여러분은 여호와의 이름을 경외함으로 죄 사함을 받았습니다. 거듭난 우리에게는 **"의로운 해가 떠올라서 치료하는 광선을 발"**합니다. 의로운 해는 예수 그리스도입니다. "해는 그 방에서 나오는 신랑과 같고 그 길을 달리기 기뻐하는 장사 같아서 하늘 이 끝에서 나와서 하늘 저 끝까지 운행함이여 그 온기에서 피하여 숨은 자 없도다"(시 19:5-6)-해는 "큰 광명"(창 1:16)인 예수님을 계시합니다. 원형복음의 진리를 마음에 받아들인 사람에게는 예수님의 치료하시는 역사가 영육간에 임합니다. 먼저 주님의 진리의 빛이 거듭난 자의 마음에 두루 임해서 먹보다도 더 검은 마음의 죄를 모두 씻어 주시고 마음의 깊은 상처들을 치료해 주십니다.

"어두운 데서 빛이 비취리라 하시던 그 하나님께서 예수 그리스도의 얼굴에 있는 하나님의 영광을 아는 빛을 우리 마음에 비춰셨느니라"(고후 4:6).

"하나님의 영광을 아는 빛"이 바로 진리의 원형복음이며 **"치료**

하는 광선"입니다. 주님께서 진리의 빛으로 우리 마음에 비춰 주셔서 "죄의 병"(sin sick)이라는 고질병을 깨끗이 치료해 주셨습니다. 우리 마음에 쌓여 있던 죄와 허물로 말미암은 심판의 두려움이 늘 우리의 마음을 짓누르고 괴롭혔는데, 주님께서 복음 진리의 빛을 우리 마음에 비춰 주시니, 치료하는 광선이 우리 마음의 죄의 병을 깨끗이 낫게 해 주었습니다. 여러분, 이제 여러분의 마음에 죄가 있습니까, 없습니까? 없습니다. 우리는 죄의 병에서 완치된 자들입니다. 무턱대고 예수님만 믿으면 죄의 병이 완치되어 죄가 전혀 없는 의인이 됩니까? 그렇지 않습니다. "진리를 알지니 진리가 너희를 자유케 하리라"(요 8:32)는 말씀대로, 진리의 원형복음을 알고 믿어야만 "죄의 병"(sin sick)이라는 고질병이 깨끗이 치료되어서 죄로부터 자유롭게 됩니다.

율례와 법도, 즉 복음을 기억하라

"너희는 내가 호렙에서 온 이스라엘을 위하여 내 종 모세에게 명한 법 곧 율례와 법도를 기억하라"(말 4:4).

율법은 계명(誡命)과 제사법(祭祀法)으로 구성되어 있습니다. 이스라엘 백성들은 계명 앞에서 죄를 깨닫게 되면 하나님께서 정해 주신 법도대로 흠 없는 희생제물을 성막(聖幕)으로 끌고 와서 그 희생 제물의 머리에 안수함으로써 자기의 죄를 제물에게 넘기고 그 제물의 목을 따서 그 피를 뿌리고 그 제물의 고기는 번제로 드려서 죄 사함을 받았습니다. 이 말씀에서 **"율례"**는 계명이고 **"법도"**는 제사법을 지칭하는데, 하나님의 선(善)의 기준인 계명 앞에서 심히 죄인이 되었다가 죄 사함을 받은 사람은 하나님께서 세워 주신 법도 즉 제사법에 계시된 하나님의 구원을 늘 기억하고 감사하게 됩니다.

하나님께서 **"어려서 취한 아내"**, 즉 인류의 시작부터 세우신 하나님의 교회 안에는 **"율례와 법도"**가 견고히 서 있었습니다. 고대의 믿음의 선진들은 **"율례와 법도"**를 잘 지켰습니다. 그러나 말라기 시대의 제사장들과 백성들은 타락해서 이방(異邦) 신들을 받아들임으로써 하나님의 **"율례와 법도"**를 다 잃어버리고 우상숭배자가 되었습니다. 그런 현상은 오늘날에도 만연되어 있습니다. 이 시대의 기독교 지도자들과 교인들도 입술로는 하나님을 경외하고 예수님을 믿는다고 하지만, 그들의 마음은 세상을 사랑하는 마음으로 가득 차 있습니다. 하나님보다 더 사랑하는 것이 있다면 그것이 바로 우상(偶像)이며 이방(異邦) 신입니다.

오늘날의 기독교인들은 예수님의 이름을 간절히 부르며 신앙생활을 합니다. 그러나 그들은 하나님께서 주신 **"율례와 법도"**를 알지 못하기에 헛되이(공허하게) 예수님의 이름을 부르고 있습니다. **"누구든지 주의 이름을 부르는 자는 구원을 얻으리라"**(롬 10:13)고 성경에 기록되어 있다고 "예수 이름"만 부르면 무조건 천국 영생에 들어갑니까? 천국에는 죄가 전혀 없는 의인들만 들어갑니다. 죄 사함을 받지 못해서 마음에 죄가 있는 기독죄인(Christian sinners)들은 아무리 예수님을 오래 믿었어도 천국에 들어가지 못하고 반드시 지옥에 떨어집니다. **"죄의 삯은 사망"**(롬 6:23)이기 때문입니다. 누구든지 진리의 원형복음을 알고 믿을 때에 **"죄 사함으로 말미암는 구원"**(눅 1:77)을 받고 하나님의 **"율례와 법도"**를 기억하며 여호와를 경외할 수 있습니다.

그런데 성경은 덮어놓고 **"자기 마음에서 나는 대로"**(겔 13:17)

가르치는 소경 목자들이 영적으로 눈이 먼 신도들을 인도하고 있으니, 아무리 예수님의 이름을 부르고 믿어도 그들의 마음에서는 죄가 없어지지 않습니다. 소경 목자들은 제자를 얻으려고 천하를 다니다가 하나를 얻으면 배나 더 지옥의 자식으로 만듭니다. 지옥의 자식이란 사단 마귀가 뿌린 반쪽짜리 사이비(似而非) 복음을 진리라고 철석같이 믿는 자들입니다. 예수님을 믿고 죄가 있는 자들이 바로 지옥의 자식들입니다. 마음에 죄가 있는 기독죄인(Christian sinners)들은 지옥에 갑니다. 천국 영생을 얻으려면 오직 물과 성령으로 거듭나야 합니다. 죄인들은 **"물과 피와 성령이 합하여 하나"**(요일 5:8)라고 증거하는 **진리의 원형복음**을 믿음으로 죄사함을 받고 하나님의 백성이 되는 길 외에는 결코 천국 영생에 들어갈 길이 없습니다. 그들은 진정 하나님께서 세워 주신 **"율례와 법도"**의 참된 의미를 깨닫고 믿어야 합니다.

끝까지 긍휼을 베푸시는 하나님

"보라 여호와의 크고 두려운 날이 이르기 전에 내가 선지 엘리야를 너희에게 보내리니 그가 아비의 마음을 자녀에게로 돌이키게 하고 자녀들의 마음을 그들의 아비에게로 돌이키게 하리라 돌이키지 아니하면 두렵건대 내가 와서 저주로 그 땅을 칠까 하노라 하시니라"(말 4:5-6).

하나님께서는 모든 영혼들에게 끝까지 구원의 기회를 주십니다. 선하심과 인자하심이 무궁한 하나님께서는 마지막 날에 구원을 받지 못한 모든 영혼들을 심판하시기 직전까지도 그들에게 구원의 기회를 주십니다. 가롯 유다가 예수님을 이미 팔아먹었는데도 예수님은 그가 끝내 양심에 찔려서 돌이키라고 그의 면전에서 **"나와 함께 그릇에 손을 넣는 그가 나를 팔리라"**(마 26:23)고 말씀하셨습니다. 그러나 가룟 유다는 끝내 돌이키지 않고 자살함으로써 자기의 의를 세웠습니다. "내가 이렇게 스승을 팔아먹은 자로 낙인이 찍혀서 비굴하게 사느니 차라리 자결해서 내가 스스로 나의 죗값을 치렀다는 평판이라도 듣겠다" 하고 유다는 끝내 돌이키지 않고 자기의 자존심을 지키려고 자살을 택한 것입니다. 그는 그때라도 돌이켜서 "주님, 제가 믿음이 없어서 주님을 배반했습니다. 저는 주님이 하나님의 아들이며 물과 피로 임하셔서 우리 인류를 모든 죄에서 구원하셨음을 믿습니다"라고 고백하며 마음으로 진리의 복음을 믿었어야 했습니다. 유다는 예수님을 판 죄 때문에 지옥에 간 것이 아닙니다. 그는 끝내 자기의 의를 세우고 하나님의 의를 믿지 않았기 때문에 지옥에 갔습니다. 하나님은 심판하시기 전에 누구든지 구원의 은총을 입을 기회를 얻도록 끝까지 긍휼을 베푸시는 하나님입니다.

"돌이키지 아니하면 두렵건대 내가 와서 저주로 그 땅을 칠까 하노라 하시니라"(말 4:6).

우리는 죄인들이 회개하고 하나님께로 돌아오기를 간절히 기다리시는 하나님의 마음을 알아야 합니다. 전능하신 하나님이 뭐가 두렵겠어요? 하나님께서 끝내 돌이키지 않는 자들을 보실 때에 참으로 안타까워하신다는 말씀입니다. "나는 너희가 제발 돌이키기를 바라는데 너희가 끝내 돌이키지 않을까 염려가 된다"라는 말씀입니다. 하나님께서는 죄인들 하나하나를 끝까지 기다리시고 그들이 원형복음의 진리를 온전히 믿음으로 당신의 자녀가 되기를 간절히 원하십니다.

"오리라 한 엘리야"인 세례 요한의 사역

"보라 여호와의 크고 두려운 날이 이르기 전에 내가 선지 엘리야를 너희에게 보내리니"(말 4:5).

"여호와의 크고 두려운 날이 이르기 전에" 하나님께서 보내 주시기로 한 엘리야가 바로 세례 요한입니다. "**하나님께로서 보내심을 받은 사람이 났으니 이름은 요한이라**"(요 1:6)고 기록되었고, 예수님께서도 친히 "만일 너희가 즐겨 받을진대 오리라 한 엘리야가 곧 이 사람이니라"(마 11:14) 하고 증언하셨습니다.

세례 요한의 사역은 크게 보면 두 가지로 요약됩니다.

세례 요한의 첫 번째 사역은 하나님을 버리고 떠난 이스라엘 백성들이 하나님을 경외하는 길로 돌이키게 하는 사역, 즉 "사람들을 회개시키는 사역"을 펼쳤습니다. 그래서 그는 진정으로 회개하고 자신의 죄를 자복한 자들에게 회개의 표로 세례를 베풀었습니다.

회개(悔改)는 고대 그리스어로 메타노이아(μετάνοια, metanoia)인데 "악하고 그릇된 길에서 돌아선다"라는 뜻입니다. 이스라엘 백성들은 이방 신들을 음란하게 섬기며 하나님을 버리고 육신의 정욕을 좇고 있었습니다. 하나님의 말씀을 대언하는 하나님의 종들도 없었기에 백성들도 아무 소망이 없이 영적인 타락과 멸망의 수렁으로 빠져들고 있었습니다. 그런 칠흑 같은 영적 암흑기에 하나님께서는 약속하신 대로 당신의 종 세례 요한을 보내셨습니다. 세례 요한의 삶은 철저하게 금욕적이고 영적이었습니다. 그는 나면서부터 나실인(the Nazirite)이었고 광야에 거하면서 메뚜기와 석청을 먹고 살았습니다. 그는 "**켜서 비취는 등불**"(요 5:35)이었습니다.

사람들은 요한의 삶을 가까이서 보고 그를 존경하면서 그의 의로운 삶을 좇고자 했습니다. 세례 요한은 그토록 경건한 삶을 살면서 이스라엘 백성들에게 **"회개하라 천국이 가까이 왔느니라"**(마 3:2)고 외쳤습니다. 이스라엘 백성들 중에는 세례 요한의 책망을 듣고서 자기를 돌아보고 뉘우쳐서 하나님께로 돌아오는 자가 많았습니다.

세례 요한은 진정으로 회개한 자들에게 물로 "회개의 세례"를 주었습니다. "세례"(洗禮)란 그리스어로 밥티스마(βάπτισμα, baptisma)인데, 이 말은 "물에 잠김"(immersion)을 의미합니다. 세례는 "물에 잠기다"라는 뜻 외에도 "씻기다" 또는 "장사(葬事)되다"라는 뜻도 됩니다. 세례 요한은 진심으로 자기의 악한 행실을 뉘우치고 하나님께로 돌아온 자들에게 자기 뒤에 오시는 메시아를 기다리라는 소망의 메시지를 전했습니다. "그분께서는 이미 이 땅에 오셨고 우리 가운데 계신다. 나도 아직은 그분이 누구신지를 모른다. 그러나 나를 보내서 물로 세례를 주라고 하신 하나님께서 내가 누구에게 세례를 베풀 때에 성령이 그의 머리 위에 머무는 것을 보거든 그분이 바로 성령으로 세례를 주러 오신 하나님의 아들인 줄 알라고 하셨다"-세례 요한은 이스라엘 백성들에게 이렇게 선포했습니다.

세례는 안수(按手)의 형식으로 베풉니다. 안수는 죄를 희생제물에게 넘기는 하나님의 공의한 법도(法道)입니다. 세례 요한은 이스라엘 백성들에게 **"율례와 법도를 기억"**(말 4:4)하게 해서, 오시기로 약속된 메시아가 장차 저들이 받는 세례와 같은 형식으로 세례를 받을 때에 자기들의 모든 죄가 어린양으로 오신 메시아에게 다 넘어갈 것을 선포했습니다. 예수님께서 친히 **"요한이 의의 도로 너**

희에게 왔거늘 너희는 저를 믿지 아니하였으되 세리와 창기는 믿었으며 너희는 이것을 보고도 종시 뉘우쳐 믿지 아니하였도다"(마 21:32)라고 요한에 대하여 증거하신 말씀에서, 우리는 세례 요한이 "의의 도" 즉 진리의 복음을 전파했음을 알 수 있습니다.

"만군의 여호와가 이르노라 보라 내가 내 사자를 보내리니 그가 내 앞에서 길을 예비할 것이요 또 너희의 구하는 바 주가 홀연히 그 전에 임하리니 곧 너희의 사모하는 바 언약의 사자가 임할 것이라"(말 3:1).

세례 요한은 하나님께서 당신의 아들을 구원자로 보내시기 전에 그 구원자의 길을 예비하도록 먼저 보내심을 받은 하나님의 종이었습니다. 세례 요한은 **"레위와 세운 나(여호와)의 언약"**(말 2:4-5)을 간직한 사람이었습니다. 세례 요한은 **"엘리야의 심령"**(눅 1:17)으로 와서 이스라엘 백성들을 하나님께로 돌이키게 하였습니다. 엘리야 선지자는 아합 왕 시대에 아세라 여신(女神)의 선지자 400명과 바알 신의 선지자 450명, 도합 850명의 거짓 선지자들과 갈멜 산에서 대결하여 이겼습니다. 그리고 그 이방 선지자들을 다 죽였습니다. 그때까지 바알 신과 아세라 신을 섬겼던 백성들은 회개하고 하나님께로 돌아왔고 이스라엘 민족에게 신앙의 개혁이 일어나게 되었습니다. 세례 요한은 외모도 엘리야와 흡사했습니다. 세례 요한에 대해서 성경은 **"약대 털옷을 입고 허리에 가죽띠를 띠고 음식은 메뚜기와 석청이었더라"**(마 3:4)고 기록하고 있는데, 디셉 사람 엘리야에 대해서도 **"그는 털이 많은 사람인데 허리에 가죽 띠를 띠었더이다"**(왕하 1:8)라고 성경은 기록하고 있습니다.

모세가 율법을 대표하는 인물이라면 엘리야는 구약의 선지자 중에 대표적인 인물입니다. 그래서 **"율법과 선지자의 글"**(눅 24:44,

행 13:15)로 대표되는 구약성경을 지칭하는 말로 **"모세와 엘리야"**(눅 9:30)라는 표현도 쓰입니다. 예수님께서 변화산(變化山)에서 기도하실 때에 홀연히 변화하셔서 하나님의 신성(神性)이 밝히 드러나셨습니다. 그때에 **"모세와 엘리야"**가 함께 나타나서 예수님과 더불어 말씀을 나누었습니다. 이는 예수님이 바로 구약의 모든 율법과 선지서들에 약속된 메시야라는 사실을 증거한 이적(異蹟)입니다.

세상 죄를 예수님에게 넘긴 세례 요한의 사역

세례 요한의 둘째 사역은 예수님께 세례를 베푼 일인데, 이 사역이 요한에게 부여된 가장 중대한 사역입니다. 세례 요한은 백성들에게 하나님의 말씀을 선포해서 그들이 자기의 악한 길에서 하나님께로 돌이키게 하는 사역을 충성스럽게 행했습니다. 그리고 진정으로 회개한 자들에게 물로 세례를 베풀면서 그들로 하여금 장차 오실 메시아를 기다리게 했습니다. "나를 보내서 물로 세례를 주라 하신 하나님께서 내가 누구에게 세례를 베풀 때에 성령이 그 위에 머무는 것을 보거든 그가 바로 하나님께서 보내 주시기로 약속한 메시아인 줄을 알라고 하셨다"-세례 요한은 그렇게 **"의의 도"**(마 21:32)를 전파하면서 진정으로 회개한 백성들에게 물로 세례를 주고 있었습니다.

그때에 예수님께서 세례 요한이 세례를 베풀고 있던 요단강으로 나아오셨습니다. 세례 요한은 자기에게 다가오시는 분이 하나님의 아들인 줄을 곧 깨닫고 두렵고 당황한 나머지 **"내가 당신에게 세례를 받아야 할 터인데 당신이 내게로 오시나이까"**(마 3:14) 하며 예수님 앞에서 머리를 조아렸습니다. 그런 세례 요한에게 예수님께서는 단도직입적으로 말씀하셨습니다: "**이제 허락하라 우리가 이와 같이 하여 모든 의를 이루는 것이 합당하니라**"(마 3:15, Suffer it to be so now: for thus it becometh us to fulfill all righteousness. KJV).

이 구절의 말씀을 한 소절씩 나누어 풀어보면 다음과 같습니다: "**이제 허락하라**"-"이제 너는 내게 세례를 베풀어라.""**우리가 이와 같이 하여**"-"너(세례 요한)는 나(예수님)에게 안수의 형식으로 세례를 베풀고 나는 너의 안수를 받음으로써,""**모든 의를 이루는 것이 합당하니라**"-"세상의 모든 죄와 허물은 나에게 넘기고 이 세상에는 완전한 의가 이루어져야 한다."

세례는 안수(按手)의 형식으로 베풉니다. 또한 안수는 사람의 죄를 희생제물에게 넘기는 하나님의 공의한 법도입니다. "**이제 허락하라 우리가 이와 같이 하여 모든 의를 이루는 것이 합당하니라**"(마 3:15) 하신 예수님의 명령에 순종해서 세례 요한은 안수의 형식으로 예수님께 세례를 베풀었습니다. 예수님의 머리에 두 손을 얹고서 예수님을 물에 푹 잠갔다가 일으키신 세례 요한의 세례는 인류의 모든 죄를 예수님께 다 넘기는 중대한 사역이었고, 이 사역은 전 인류의 역사를 통해서 가장 귀중하고 아름다운 사역입니다. 만약에 예수님께서 요한에게 받으신 세례가 없었다면, 우리의 모든 죄는 그대로 우리에게 남아 있어서 우리는 결코 구원받을 길이 없었을 것입니다.

하나님께서 "**레위와 세운 나의 언약**"(말 2:4-5)의 제사에는 반드시 1) 흠 없는 제물, 2) 안수-죄를 넘김, 3) 피 흘림, 즉 희생제물의 대속(代贖)의 죽음이 있어야 합니다. 예수 그리스도께서는 하나님의 구원의 법도를 좇아 **"성경대로 우리 죄를 위하여"**(고전 15:3) 죽으셨습니다. 흠 없는 제물로 오신 하나님의 아들 예수님께서는 레위와 세운 언약대로 인류의 대표자인 세례 요한에게 안수를 받음으로 세상 죄를 단번에 담당하셨습니다. 그래서 예수님은 세례를 받으신 이튿날 **"보라 세상 죄를 지고 가는 하나님의 어린 양이로다"**(요 1:29)라는 증거를 세례 요한에게 받으셨습니다. 받으신 세례로 세상 죄를 짊어지신 예수님은 이제 십자가로 가셨습니다. 그리고 십자가에 못 박혀 당신의 모든 피를 흘리시고 **"다 이루었다"**(요 19:30)라고 외치신 후에 돌아가셨습니다. 예수님께서는 **"이와 같이 하여"** 우리의 모든 죄를 완전하게 도말(塗抹)하셨습니다. 우리는 죄로 인하여 지옥에 가야 마땅한 자들인데, **"물과 피로 임"**(요일 5:6)하신 예수님께서 우리의 모든 죄를 깨끗하게 없애 주셨기 때문에 저와 여러분은 그 사실을 믿어서 죄 사함을 받고 의인으로 거듭났습니다.

하나님께서는 당신의 언약을 온전히 성취하셨습니다. 하나님 아버지께서는 당신의 외아들인 예수님을 우리 인류의 속죄제물로 아낌없이 내어 주셨고, 예수님께서는 성경대로 인류의 대표자에게 안수를 받으셔서 우리의 모든 죄를 단번에 당신의 육체에 정(定)하셨습니다. 또한 예수님은 십자가에 못 박혀서 피를 흘리심으로 우리의 모든 죄의 값을 지불하셨습니다. 이제 이 진리의 복음 앞에서 여러분은 죄가 있습니까, 없습니까? 물과 피의 복음 안에 있는 우리에게는 이제 죄가 전혀 없습니다. 세상 죄를 단번에 없애 주신 이것이 하나님의 능력입니다.

제가 근 30년 전에 어떤 목사님에게 **"물과 피의 복음"**을 전했습니다. 그 목사님은 진리의 원형복음을 다 듣고서는 "내 생각에는 도저히 믿어지지 않네요. 예수님은 2,000년 전에 세례를 받았는데, 2,000년 후에 태어나서 지금 현재 짓고 있는 나의 모든 죄를 예수님께서 어떻게 가져가실 수 있겠습니까?" 하며 자기 생각에 묶여서 진리의 복음을 배척했습니다. 또 어떤 이는 "아니 지금까지 지은 죄는 예수님께 넘어갔다고 쳐도, 아직 짓지도 않은 죄를 예수님이 어떻게 가져가실 수 있겠습니까?" 하는 사람도 있습니다.

자기 생각을 부인하고 하나님의 말씀을 믿는 것이 믿음입니다. 내 생각에는 이해가 안 될지라도 하나님의 말씀은 한 점 한 획도 거짓이 없고 온전히 성취되는 진리의 말씀입니다. 시몬(베드로)이 예수님을 만나던 날, 그는 밤새도록 그물질을 했는데도 물고기를 한 마리도 잡지 못했습니다. 그런데 예수님께서 **"깊은 데로 가서 그물을 내려 고기를 잡으라"**라고 말씀하시자, **"선생이여 우리들이 밤이 맞도록 수고를 하였으되 얻은 것이 없지마는 말씀에 의지하여 내가 그물을 내리리이다"**(눅 5:5) 하며 자기의 생각을 부인하고 주님의 말씀에 순종했습니다. 시몬은 갈릴리 호수에서 잔뼈가 굵은 어부입니다. 갈릴리 호수에 관해서는 자기보다 훨히 아는 사람은 없다고 그는 자부했습니다. 지금과 같은 낮 시간에는 물고기들이 먹이활동을 하러 얕은 곳으로 나가 퍼져 있기 때문에 깊은 곳에는 물고기가 없다는 사실을 시몬은 잘 알고 있었습니다. 그러니 시몬은 이 시간에 깊은 곳에 그물을 내려 봤자 아무 소용이 없다고 확신했습니다. 그러나 시몬(베드로)은 자기 생각을 부인하고 주님의 말씀에 의지하여 그물을 내렸습니다. 시몬이 물고기를 잡았습니까, 잡지 못했습니까? 엄청난 양의 물고기를 잡았습니다. 자기 생각을 부인하고 말씀을 좇는 것이 믿음입니다.

우리의 뇌는 자기 주먹 두 개만 합니다. 그 알량한 뇌로 우주를 말씀 한마디로 지으신 하나님과 겨뤄보겠다는 겁니까? 겨우 찰나 같은 순간을 살다가 죽을 허망한 존재가 영존하시는 하나님의 뜻을 무시하겠다는 겁니까? 자기 생각을 부인하고 말씀을 믿는 것이 믿음입니다. 주님께서는 인류의 대표자인 세례 요한의 세례를 통해서 이 세상 모든 죄를 단번에 담당하셨습니다. 그래서 예수님은 세례를 받으신 이튿날에 **"보라 세상 죄를 지고 가는 하나님의 어린 양이로다"**(요 1:29)라는 증거를 세례 요한에게서 받으셨습니다. 그러면 주님께서 담당하신 **"세상 죄"** 가운데 나의 모든 죄와 허물도 당연히 포함되어 있지 않습니까? 그 **"세상 죄"**에는 내가 기억하는 죄만 포함되어 있을까요? 이제는 기억조차 못하는 먼 옛날의 죄, 알고 지은 죄, 모르고 지은 죄, 혼자 지은 죄, 여럿이 합동으로 지은 죄, 눈으로 지은 죄, 입으로 지은 죄, 몸뚱이로 지은 죄, 마음으로 지은 죄 등등……내가 이미 저질렀고 앞으로도 지을 죄란 죄는 모두 지금부터 약 2,000년 전에 예수님께로 다 넘어갔습니다.

내일도 우리가 죄를 지을까요, 짓지 않을까요? 틀림없이 짓습니다. 우리는 마음으로는 하나님의 법을 즐거워하되 우리의 육신 안에는 다른 한 법, 즉 죄의 법이 존재하고 있어서 죄를 지을 수밖에 없는 존재들입니다. 우리는 앞으로 죽을 때까지 죄를 지을 수밖에 없는 비참한 존재들입니다. 그래서 사도 바울도 우리의 실존(實存)에 대해서, **"오호라 나는 곤고한 사람이로다 이 사망의 몸에서 누가 나를 건져 내랴"**(롬 7:24) 하고 탄식했던 것입니다. 우리가 앞으로 지을 죄도 **"세상 죄"**입니다. 하나님 앞에서는 앞으로 우리에게 닥쳐올 종말의 때도 다 과거입니다. 하나님은 시간의 차원 밖에서 영존(永存)하시는 분입니다. 따라서 하나님은 태초부터 세상 종말까지를 한눈에 보시는 분이며 단번에 세상 종말까지의 모든 죄를 예수님께 넘어가게 하신 분입니다.

우리 스스로는 절대로 거룩함에 이를 수 없는 구제불능의 존재들인데, 하나님께서는 당신의 외아들을 육체로 보내셔서 **"이와 같이 하여"**(마 3:15), 즉 예수님이 안수의 형식으로 받으신 세례로 우리를 모든 죄에서 구원하셨습니다. **"이와 같이 하여"** 단번에 세상 죄를 짊어지신 주님은 세례 받은 이튿날에 **"보라 세상 죄를 지고 가는 하나님의 어린양이로다"**(요 1:29)라는 증거를 세례 요한에게 받았습니다. 그리고 주님은 **"레위와 세운 나의 언약"**(말 2:4-5) 대로 피를 흘리시고 돌아가셨습니다. 주님은 십자가에서 못 박히셔서 우리의 모든 죗값을 치르시기 위해서 당신의 모든 피를 속전(贖錢)으로 다 쏟으시고 마지막으로 **"다 이루었다"**(요 19:30) 하고 크게 외치신 후 돌아가셨습니다.

하나님의 외아들인 예수님께서는 **"이와 같이 하여"** 우리의 모든 죄를 없애 주셨습니다. 그리고 장사(葬事)되었던 주님께서는 사흘 만에 부활하시고 승천하셔서 지금은 하나님 보좌 우편에 앉아 계십니다. **"물과 피로 임"**(요일 5:6)하셔서 우리를 모든 죄에서 구원하신 예수님께 감사와 찬양을 드립니다.

우리는 말라기(Malachi)서의 말씀을 통해서 하나님의 구원의 복음을 다시 한번 확인했습니다. **"레위와 세운 나의 언약"**(말 2:4-5)이 바로 **진리의 원형복음**입니다. 하나님 말씀은 어제나 오늘이나 동일합니다. 말라기(Malachi) 선지자 시대의 제사장들이 그렇게 부패하고 타락했던 것처럼, 이 시대의 자칭(自稱) "하나님의 종"들도 그렇습니다. 우리는 하나님께서 이 땅을 고쳐 주십사 하고 기도해야 합니다. 하나님의 말씀을 가르치는 자들이 온전히 거듭나야 기독교인들도 패역한 길에서 돌이킬 수 있습니다.

두 폭으로 된 성막의 앙장(仰帳)에는 각각 오십 개의 청색 고리(loops)가 달려 있어서 그것들이 오십 개의 금 갈고리(clasps)로 서로 연결됨으로써 하나의 앙장을 이루었습니다(출 26:5-6). 그처럼 구약의 마지막 책인 말라기서의 약속의 말씀들이 신약성경의 첫 책인 마태복음에서 그대로 성취됨으로써 서로 맞물리며 연결되었습니다. 이로서 성경 전체가 하나가 되었으며 온전한 하나님의 책이 되었습니다.

말라기서의 강해 설교를 마치면서, 저는 물이 온 땅을 덮음과 같이 진리의 원형복음인 **"물과 피의 복음"**이 온 땅을 덮기를 간절히 원합니다. 그래서 거듭난 의인들의 교회들이 각처에서 일어나게 해달라고 주님께 기도드립니다.

말라기서 성경 사경회의 모든 말씀을 마쳤습니다.

할렐루야!

말라기서 강해 설교집
레위와 세운 나의 언약

2018 년 10 월 15 일 초판 인쇄

Copyright © 2018 by Uijedang Press
All rights reserved. No part of this publication may be reproduced, distributed, or transmitted in any form or by any means, without the prior written permission of the publisher.

발행처　도서출판 의제당
주소　제주특별자치도 제주시 계명길 10 (외도일동) 2 층

홈페이지　www.born-again.co.kr
　　　　　의제당.kr
블로그　pilgrim1952.blog.me
문의　uijedang@naver.com

Author　Samuel J. Kim
Editor　Tim J. Kim
Cover Art / Illustrator　Leah J. Kim
　　　　　　　　　　　　Eunyoung Choi

ISBN 979-11-87235-40-8　03230

가격　10,000 원